빌딩투자,
수익을 디자인하다

빌딩 투자,

시세를 이기는
빌딩투자의
선택과 방식은?

하재구 지음

불황을 이기고 낡은 건물 수익까지
두 배로 올리는 부동산 감각

수익을 디자인 하다

한국문화사

프롤로그

"건물 투자에서 안목, 전략과 기획은 수익과 가치를 높이는 훌륭한 도구가 된다.
안목은 지역과 입지의 잠재된 가치를 읽어 낼 줄 아는 것이고,
전략과 기획은 임차인 또는 매수자가 선호하는 디자인과 필요로 하는 공간을
제공할 줄 아는 것이다. 그 모든 것을 감각이라는 한 단어로 표현을 하고
그것의 결과는 자본으로 평가되며 더 큰 수익으로 실현된다."

'나는 감각을 자본으로 바꿀 줄 아는 도시'라는 글로 시작하는 '도쿄 라이프 스타일_당신의 취향이 비즈니스가 되는 곳'이라는 책을 좋아한다. 우리는 감각이 자본화되는 시대를 살고 있다. 전 세계 기업가치 최상의 회사인 애플의 가장 큰 무기는 감각이다. 아이폰은 감각적인 아이디어로 시작했고 뛰어난 기술은 그 아이디어를 구현하는 방법일 뿐이었다. 핸드폰, 자동차, 건물, 전혀 다를 것 같은 이 제품들은 여러 가지 상품 중에서 소비자가 선택하고 사용한다는 공통점을 가지고 있다. 그리고, 주목해야 할 점은

디자인과 기능 및 활용성이 좋은 것을 선호하고 그러한 제품에는 더 높은 비용도 지불한다는 것이다. 이 중에서 건물은 대량 생산이 되지 않는 제한된 상품으로써 최대한 높은 비용 또는 값을 받을 수 있도록 해야 하는 것이 건물 투자의 본질이다.

오랜 기간 빌딩의 가격은 상승을 해왔다. '건물은 사두면 올라간다'라는 기본적인 믿음이 있었고 몇 년간 풍부한 자금 유동성과 언제나 반복되어 왔던 부동산의 상승 기대감으로 빌딩의 매수세는 이어졌다. 하지만, 상승 곡선에도 늘 변동 구간은 오는 법! 계속해서 우상향하던 부동산의 상승은 금리 인상이라는 강적을 만나면서 소폭 하락의 조정 시기를 거치고 있다. 부동산 가격 곡선에 변동이 생기게 되면서 지난 고점 구간에서 매입한 투자자는 당분간은 손해를 보고 있는 심정일 것이다. 특히, 높은 비율의 대출을 하면서 수익률이 낮은 건물을 매입한 건물주에게는 당장에 대출이자가 큰 부담이 된다.

이와는 다른 문제로는 '그동안 상승한 토지 가격 덕분에 자산의 가치는 매우 커져 있는데 후진적인 건물관리로 인해 낙후된 건물이 되면서 장기 공실로 남아 있거나 형편없는 임대료 수준으로 겨우 유지하고 있는 땅값도 못하는 건물주'가 늘고 있다. 부러운 건물주라는 많은 사람들의 선망과는 달리 부동산의 가치는 올라 있지만, 실상은 가난한 건물주가 많다는 것이다.

그동안, 건물 임대업은 쉬울 것이라는 선입견이 있어서 특별한 지식이나 노하우가 없더라도 투자만 하면 된다며 준비 없이 실행한 사람들이 많았다. 하지만, 빌딩 투자는 큰 자금이 투입되는 사업이기에 자금 규모만큼의 중대성을 생각해 본다면 투자를 하게 될 때 리스크와 경쟁력에 대한 준비가 되어 있어야 할 것인데 너무 안일하게 생각해왔던 것이다. 대부분의 업종이 그러하듯이 부동산 시장에도 많은 변화가 일어나고 있고 그중에서도 특히 중소형빌딩 시장은 건물 간 경쟁 시대에 진입하고 있다.

"준비 없는 투자에는 리스크가 커질 것이고
경쟁력을 갖춘 투자에는 추가 수익이 커질 것이다."

나는 2007년부터 중소형빌딩 전문 컨설팅 회사와 중개법인을 운영하면서 다양한 사례의 투자 솔루션과 컨설팅 서비스를 제공해 왔다. 부동산 사이클에 의지하는 가격 상승에만 만족하지 않고, 부동산 입지별로 최유효한 투자분석과 임대 전략별 수익 분석, 신축기획 컨설팅 업무 수행을 하면서 의뢰한 고객들이 일반적인 투자 수익을 크게 넘어서는 운용 수익과 매각 차익을 실현하게 하는 것에 비즈니스를 집중해왔다. 남다른 관점으로 이어온 그동안의 노력은 높아진 대출 금리와 늘어나는 공급으로 인한 지금과 같은 위기를 넘어서기 위한 준비가 된 셈이다.

이 책은 '빌딩들의 임대 경쟁 시대에서도 분석과 기획력으로 더 남는 투자를 실현할 수 있다'라는 것과 '기존의 낙후된 건물들도 임대 전략의 변화로 남다른 경쟁력을 갖출 수 있다'라는 것을 제시함으로써 그동안의 투자 관련 책들과는 다른 새로운 건물 투자의 길을 제안한다.

그래서, 건물을 가지고 싶은데 시장의 변화 때문에 어떻게 해야 할지 걱정만 하고 있던 투자자, 건물을 가지고는 있는데 가치만 높고 땅값은 못

얻고 있는 가난한 건물주, 사업으로 벌고 사옥 투자로 더 벌고 싶은 법인 대표와 임원, 제대로 된 중소형 빌딩 투자 컨설팅을 알고 싶었던 부동산 종사자, 그리고 무엇보다 더 남는 투자를 목표하고 있는 예비 건물주들에게 이전 다른 책들에서는 알 수 없었던 투자 솔루션을 확인할 수 있도록 하겠다.

지금의 부동산 시장은 좋은 물건을 고를 수 있는 선택이 늘어나고 더 좋은 가격으로 진입할 수 있다는 관점에서 보면 위기가 아니라 기회의 시간이 될 수 있을 것이다. 분명한 것은 언제나 그랬듯이 위기와 기회는 겹쳐져 있는 것이고 위기 안에서 타이밍을 잡아야 더 성공적인 투자 결과를 얻을 수 있는 것이다. 기회를 잡기 위해서는 준비가 되어 있어야 하며 준비에는 제대로 된 지식과 정보가 필요하다.

"모르는 자는 위기만 보이고
알고 준비된 자는 위기 바로 뒤에 서 있는 기회가 보인다."

부동산 투자 책의 경쟁자는 유튜브라고 생각한다. 사람들이 손쉬운 유튜브를 두고서 책을 사서 읽게 하려면 더 전문적이고 신뢰 높은 경험이 담겨 있어야 할 것이다.

이 책은 건물 투자에 있어서 전략과 기획, 그리고 안목에 따라서 수익이 어떻게 또 얼마나 변할 수 있는지에 대해서 유튜브나 다른 책에는 없었던 내용으로 구성되어 있다. 그래서, 건물 투자를 통해 이전보다 더 높은 수익을 원하는 많은 이들이 옆에 두고 읽게 되기를 희망한다.

목차

프롤로그　4

Ⅰ. 더 남는 공식과 변화

1장 변동과 경쟁의 시대, 변하지 않는 것과 변해야 하는 것　14
건물 투자 불변의 공식, 그리고 가장 명확한 솔루션　15
언제 매입해야 하는지가 아니라 어떤 가치를 매입하는지가 더 중요하다　17
땅 값도 못하는 가난한 건물은, 건물이 문제인가 건물주가 문제인가?　22

2장 법인의 건물 투자시대, 법인과 개인 모두 알아야 할 진짜 이유　28
사옥은 회사 가치 올리고, 건물 투자는 회사 수익 올린다　29
사옥에 사용 가치와 운용 수익, 그리고 세일 & 리스백　32
사옥의 자산 가치와 브랜드 가치, 유형과 무형 자산 모두를 늘리다　39

Ⅱ. 더 남는 선택법

3장 지역분석_ 하기 전에 먼저 이해하는 선택 원리와 미래 가치   48
지역에 따라 은행 이자율과 원금이 다르다면 어디에 예금할까?   49
최고의 투자지역 강남에서 부동산 상승 원리 배우기   54
최고의 투자지역 강남에서 부동산 상승 배경 배우기   59

4장 지역분석_ 할 때 중요한 것은 개발성보다 쾌적성   64
정책이나 유행하는 상권 쫓지 말고 쾌적한 곳에 투자하자   65
강북 주택가에서 강남 오피스권역 임대 수익을 실현해낸다   73
서초 전원주택 사옥, 현명한 전략이 모이면 지역 가치가 달라진다   79

5장 입지분석_ 할 때 중요한 것은 토지의 경사와 방향   84
건축법을 이기는 토지는 앞 건물보다 더 높게 더 넓게 만든다   85
전면을 넘어서는 막다른 길, 남향을 능가하는 북향이 입지분석이다   93
토지의 경사와 방향에 눈을 뜨면 새로운 수익 세계가 시작된다   101

III. 더 올리는 기법

6장 임대전략_ 임대료를 바꾸는 임대용도, 임대료를 바꾸는 임대방식   110
생각의 확장, 요즘 잘나가는 업종들은 지하로 들어간다   111
올바른 판단, 지하는 건물의 기초이자 수익의 기초이다   118
관점의 변화, 단독주택은 주거용보다 사무용일 때 훨씬 더 쓸모가 있다   124
방식의 전환, 계약 방식의 전환은 같은 건물에 다른 수익을 만든다   130

7장 리모델링_ 가난한 건물이 부자 건물 되는 공사기법 3가지   138
공사위임_ 60년대 폐가주택, 세상 트렌디한 디저트 카페로 극적인 변신   139
부분공사_ 장기공실 골칫덩이, 철재 계단 매력을 품은 아날로그 건물의 부활   145
전체공사_ 리모델링 레퍼런스, 최소 비용 투자로 최대 수익 증가를 이룬다   150

8장 신축개발_ 감각이 자본이 되고 수익의 차원이 달라지게 하는 신축기획   160
나는 건물을 사지 않기로 했다. 짓기로 했다!   161
신축은 이익을 증가시키고, 신축기획은 이익을 초과시킨다   167
시세를 뛰어넘는 건물에 쓰이는 신축 기획 첨가제 6가지   174

IV. 더 남은 수익 실현

9장 매각전략_ 매각이득은 임대수익보다 훨씬 크다   184
건물의 가치와 가격, 어떻게 평가되고 산출되는지 알고 해야 더 남긴다   185
보유할 기간에 신축을 해서, 한번 더 이익 실현하는 투자의 프로_ 개인 사례   190
보유할 기간에 신축을 해서, 한번 더 이익 실현하는 투자의 프로_ 법인 사례   194

10장 대표사례_ 수익 디자인의 최대 효율 NH2203   204
빌딩 투자는 큰 수익을 목적으로 하고, 세상 모든 큰 수익에는 이유가 있다   205

에필로그   210

I.
더 남는
공식과 변화

1장

변동과 경쟁의 시대, 변하지 않는 것과 변해야 하는 것

건물 투자 불변의 공식,
그리고 가장 명확한 솔루션

전략이 수익 되고 감각이 자본 되는 건물 투자,
투자는 오르기를 기다리고 밸류애드는 오르도록 만든다.

건물의 수익과 가치를 결정짓는 모든 것을 함축한 불변의 공식과 그 항목을 활용해서 수익과 가치가 상승하도록 하는 가장 직관적인 솔루션으로 요약했다.

1. 불변의 공식

부동산 수익 = (면적 × 임대료) × 시간
양도가액 = 수익 / 자본환원율

2. 명확한 솔루션

면적 : 가용 면적을 확장한다.
옆으로, 밖으로, 밑으로, 위로 공간을 확장한다 : 전용면적 옆으로 늘리기, 발코니 등 밖으로 늘리기, 지하층 밑으로 늘리기, 높은 층고 위로 공간 늘리기.

임대료 : 평당 임대료를 높인다.
같은 면적이라도 수익이 다른 것은 평당 임대료 차이이다 : 건물의 내외부 디자인과 퀄리티는 평당 임대료 결정에 큰 영향을 미친다.

시간 : 공실 기간을 최소화한다.
시간을 늘릴 수는 없지만, 공실 기간을 줄일 수는 있다 : 선호도 높은 상품은 빨리 팔린다. 건물을 사용하는 용도와 구성, 임대방식을 전략적으로 적용해서 상품 가치를 높인다.

기업은 이윤을 목적으로 하고 부동산 투자는 수익을 목적으로 한다.

빌딩의 크기나 위치에 상관없이 위 3가지 수치 중 어떤 것이라도 커지면 수익은 올라간다.

수익이 올라가면 부동산 가치를 산정하는 공식에 의해 건물의 가치도 따라서 높아지게 된다.

이 책은 건물 투자 밸류 애드 책으로써 위 세 가지 수치를 높이는 기술적인 방법을 이해하기 쉽게 정리해놓았다.

언제 매입해야 하는지가 아니라
어떤 가치를 매입하는지가 더 중요하다

금리에 따라서 투자 가치가 다르고, 더 유리한 가치가 더 큰 이윤을 만든다.
고금리와 저금리 각각 다른 장점이 있기에 어느 때가 아니라
어떤 것을 보는지가 핵심이다.

'고금리 때에는 높은 대출 금리로 인하여 실제 임대 수익률이 낮아지게 되기 때문에 건물 매입하기에 안 좋은 시기이다'라고 생각을 하게 되지만 그렇지 않다.

저금리에서는 부동산 가격이 상승하고 고금리에서는 부동산 가격이 하락한다는 말을 많이 들었을 것이다. 이렇게 이해를 하면서 금리가 높을 때는 투자하면 안 되는 것으로 알고 있지만 고금리 때 건물을 매입하는 장점과 저금리 때의 장점이 각각 다른 것이지 어느 하나만 좋은 것이 아니다. 그래서, 어느 때가 나은 것이 아니라 어떤 가치를 매입하느냐가 핵심이며 각각의 장점을 알고서 어떻게 활용하느냐에 따라서 서로 다른 기회를 얻을 수 있는 것이다. 중금리 이상일 때는 매수자가 우위에 있는 시장이기에

매도인의 사정으로 더 급하게 매각해야 하는 건물에 투자함으로써 더 남기는 전략이 되고, 저금리 시장에서는 대출을 활용한 레버리지 효과를 높여서 내가 가진 자금보다 더 큰 건물에 투자하면서 더 남기는 투자를 하게 된다.

대출 금리가 낮을 때 매매시장의 현황과 기회

① 저금리 시대 큰 장점은 대출 금리가 낮아서 임대료의 실질 수익이 높다는 것이다.
② 운용 수익이 높아지기 때문에 부동산의 가격은 올라가고 시장의 매물은 줄어든다.
③ 시장에 매물이 귀해지기 때문에 매도인 우위 시장이 되면서 매도하기 유리해진다.
④ 그럼에도 불구하고, 매수인으로서는 낮은 금리에 높은 비율의 대출을 활용해서 자기 자본 대비 더 큰 건물을 매입하는 기회가 된다.

대출 금리가 높을 때 매매시장의 현황과 기회

① 고금리 시기에는 대출 금리가 높아서 임대료의 실질 수익이 낮아진다.
② 운용 수익이 낮아지기 때문에 부동산의 가격은 내려가고 시장에 매물은 많아진다.
③ 시장에 매물이 적체되기 때문에 매수자 우위 시장이 되면서 매수하기 유리해진다.
④ 매수하기 유리하다는 것은 시장에 좋은 물건이 많다는 것이며, 투자

자가 희망하는 건물을 좋은 조건으로 매입하는 기회가 된다.

매수자 우위 시장에서는 건물의 가격이 내려가게 된다. 대출 금리가 높아진 대신 건물의 가격이 내려가기 때문에 저렴하게 매입할 수 있고, 내려간 만큼 매입자금이 줄어들었기 때문에 대출 비율도 낮아진다. 즉, 이자가 높아지기는 했지만 대출을 적게 할 수 있는 것이다.

매매 거래가 정체되다 보니 매매시장에 매물이 많이 쌓이게 되면서 내가 원하는 매물의 선택지가 많아지게 되고, 나의 투자 방식을 적용해서 높은 수익을 실현할 수 있는 물건을 고를 수 있게 되는데 실제 투자 상황에서 이러한 장점은 수익 결과에 상당한 차이를 만들어 낸다.

이와 다르게 시장에 매물이 적을 때에는, 내가 원하는 투자 방향에 적합한 매물을 적정한 가격으로 매입까지 하게 되기는 현실적으로 어렵기 때문에 많지 않은 매물 중에서 나의 투자 방향 근사치 물건에 목표를 맞추면서 결정을 하게 된다.

금리가 높을 때 조달 금리가 높아서 이자가 늘어나는 측면이 있지만 금리가 낮을 때에 비해 상대적으로 자금이 적게 투입되는 현재의 장점이 있고, 전체적으로 매가가 내려간 상태이다 보니 차후에 상승할 여력이 크다는 기대감도 잠재하기 때문에 금리가 높은 시장에서도 투자자에게 주는 긍정적인 효과는 분명하게 존재한다.

부동산과 주식 시장은 서로 다른 특징들이 있겠지만 이해를 돕기 위해서 간단히 비유를 하자면 "호황장에서 산 주식이 향후에 큰 수익이 나는지 아니면 불황장에 주가가 하락하면서 저평가 우량 주식들을 좋은 가격으로

샀을 때 향후 더 큰 수익이 나는지"를 생각해 보면 쉽게 이해될 것이다.

언제가 중요한 것이 아니라고 설명하고 있지만 그렇다고 모든 때가 건물 매입 적기라는 것은 아니다. 금리가 오랜 기간 내려가고 부동산 상승기가 3년 이상 지속되었을 때는, 매매 가격 상승률과 은행 금리의 변동을 주의 깊게 지켜보면서 뒤늦게 쫓아가는 매수는 하지 말아야 하고, 금리가 올라가고 있다면 금리의 최고점에 도달한 후 상당한 기간은 관망하다가 매물 양의 증가와 매가의 변동을 지켜보면서 매수 계획을 세우는 것이 현명하다.

또한, 주의해야 할 것이 매입 후에 있을 변동성에 대한 대비이다. 저금리 때 대출 비율을 높여서 더 큰 자금 규모로 수익률이 낮은 건물을 매입하였다가 이후에 금리가 상승하게 되면 올라가는 대출 이자만큼 임대료 실질 수익은 줄어들게 되고 심하게는 마이너스 수익이 되기도 한다.

그래서, 저금리 때 대출을 많이 일으켜서 건물을 매입하는 경우에 향후 있을 수 있는 금리 인상을 방어할 수 있으려면 매입 당시의 임대료에만 의지하는 매입을 할 것이 아니라, 매입 이후에 임대 수익을 증가시킬 수 있는 내재 가치를 판단하면서 건물을 선택하는 것이 필요하다.

앞에서 본 금리가 높을 때 건물 투자의 리스크를 긍정적인 측면으로 해석해서 정리해 보면, 금리가 높은 시기에는 매수자가 대출 이자에 대한 부담감을 가지고 건물을 매수하게 되지만 매입하고 나서 향후 금리가 내려가게 되었을 때는 내려가는 만큼 지출이 줄어드는 것이고 실질 임대 수익이 늘어나게 되는 것이다. 그로 인해, 건물의 자산 가치도 증가하고 건물 매매시장은 상승기로 전환되는 훌륭한 우상향 투자가 될 수 있겠다.

금리가 변동하는 시기는 부동산 시장이 큰 변화를 지나고 있다는 것을 인지해야 하고 예전처럼 아무 건물이나 사도 되던 때와는 달라져 있어서 건물 매입을 결정할 때 분별력이 더욱더 중요해지고 있다.

따라서, 더 큰 수익의 결과가 될 수 있는 건물 투자를 원한다면 시장의 변화와 선호도를 이해하고 임대료 상승 여력이 있는 건물과 내재 가치가 풍부한 토지를 알아볼 수 있는 안목을 높여야 할 것이다.

땅 값도 못하는 가난한 건물은,
건물이 문제인가 건물주가 문제인가?

건물을 소유하고 임대하려면 아무런 개선 없이 면적과 층수만 제공해 주면 되는 것으로 인식해 온 것에서 깨어나야 한다.

중소형 빌딩들은 1970년대부터 개발되기 시작하였고, 개발이 활발해진 1980년대와 1990년대에 많은 건물들이 신축되었다. 시대를 앞서가며 하나둘씩 올라갔던 선두주자 빌딩들이 지금에 와서는 노후화된 디자인이나 시설들로 인하여 안타깝게도 퇴출 주자 명단에 올라가고 있다. 그렇다면, 시대를 선도했던 이 건물들이 퇴출 주자로 전락하게 되었을 때 그 책임은 오래된 건물의 문제로만 봐야 하는 것일까?

　건물의 수는 헤아릴 수 없을 만큼 많고 건물들의 태어난 연도가 제각기이며 그 연도의 폭도 매우 크다. 1970년대부터 2020년대인 현재까지 계속해서 신축이 되고 있으니 건물 간 나이 차이가 크게는 50년이나 된다. 건물의 내용연수가 일반적으로 40년이고 새로운 트렌드에 맞춰서 신축 건물들이 많이 들어서고는 있지만 30년 이상 경과된 건물이 아직도 많이 남아 있다. 오래된 건물에 있어 가장 큰 문제는 낡은 것인데 단순히 오래된 것 이외에도 골격을 이루는 구조나 기능적인 시설이 신축급 건물과는 많은 차이가 있다.

층고는 낮고 주차공간은 부족한데 그나마 시대를 앞서가며 기계 주차 설비를 해놓은 곳은 예전의 차량 크기 기준으로 설치가 되어 있어서 자동차의 크기가 커진 지금 시대에 주차가 가능한 차량이 매우 한정적이다. 또한, 창호는 단열에 취약하고 테라스 같은 외부 휴식공간은 존재하지 않으며 승강기 용량 또한 작다. 이렇게 대부분의 면에서 최근에 지어진 건물에 비해 효율성이 떨어지는데 그 무엇보다 아쉬운 건 보기에 예쁘지가 않다는 것이다.

오래된 건물의 현실을 이해할 수 있도록 강남구 역삼동에 있는 두 건물을 비교해서 설명해 보겠다. 나란하게 접해 있는 구축 A와 신축 B 두 건물은 대지의 크기도 비슷하고 같은 3종 일반주거지역에 속해 있다. 토지 위의 건물이 새것이든 헌것이든 두 토지의 가격은 같은 것이고 활용하고 있는 정도가 다를 뿐인데 활용의 결과 차이는 예상되는 것보다 크다. A 건물은 1992년에 지어져서 음식점과 다수 업종의 사무실로 임대하고 있으며 전체 월 임대료가 9백5십만 원인데, B 건물은 2022년에 신축해서 IT 회사에 사옥으로 통임대하고 있는데 매월 임대료로 4천2백만 원을 받고 있다.

오래된 건물의 건물주는 9백5십만 원을 받아서 여기저기 필요해서 받았던 대출에 대한 이자, 청소용역 등 건물 관리경비, 노후된 시설의 잦은 수리비, 재산세와 공과금 등을 지출하고 그나마 남은 임대 소득에 소득세 내고 나면 말 그대로 남는 게 남는 게 아니다. 토지의 가치는 지속적으로 상승했기에 분명 큰 자산가이기는 하지만 땅값도 못하고 있는 가난한 건물주 신세이다.

오래된 건물이라고 해서 신축으로 결정하는 것이 반드시 옳은 답은 아니다. 건물의 구조는 좋은데 스타일이나 시설의 기능이 떨어져서 임대료를 시세대로 받지 못하고 있거나, 또는 용적률*이나 주차 규정 등에서 현재 건축법 규정보다 혜택을 받고 있는 건물이라면 수익 개선 분석에서 리모델링 방식이 신축보다 투자 비용 대비 더 높은 수익 결과로 나올 수 있다.

가난한 건물들을 보면 다양한 공간 활용이 아닌 바닥 면적 중심으로 설계되어 있는 구조부터 아쉬운 점이 많고, 건물의 미적 디자인이나 기능 개선에 있어 긴 시간 동안 별다른 노력을 하지 않는 곳이 대부분이다. 건물이 문제인지 아니면 건물주가 문제인지를 판단해야 하는데 아마 문제의식 자체도 없었을 확률이 더 높다.

이렇게 문제의식 없는 건물과 건물주는 너무나 많이 있고, 그로 인해 안타까운 기회비용이 장기간에 걸쳐 손실되고 있는 반면에 깨어 있는 새로운 투자자에게는 이렇게 저평가되어 활용되고 있는 토지와 건물이 오히려 하이 리턴을 만들어 주는 기회의 물건이 된다.

---

* **용적률 혜택**
'국토의 계획 및 이용에 관한 법률'에 따라 2003년 7월 1일부터 시행된 일반주거지역 종 세분화는 도시환경과 자연경관 보존을 위해서 일반주거지역을 1, 2, 3종으로 나누고 용적률을 150~250%로 각각 제한하는 규정이다. 시행 전까지는 동일하게 일반주거지역으로 지정되어 획일적으로 용적률 300%까지 가능하였기 때문에, 이 법 시행 전에 건축했던 건물은 현재의 기준보다 초과된 용적률로 지어진 건물들이 많으며 이러한 건물의 경우에는 신축하는 것보다 리모델링 하는 것이 수익적으로 유리할 수 있다.

오랫동안 임대를 해오던 건물의 소유자들은 그저 해오던 대로 이어서 하고 있고 깨어있지 못한 새로운 건물주들은 그것을 그대로 답습하고 있는데, 다 같이 보편적인 공간을 제공할 때에는 문제가 되지 않았지만 지금의 임대시장에서는 이러한 안일함이 통하지 않는다. 특화되지 못하는 건물은 시장에서 팔리기가 어려워진 것이다. 경제 성장률이 매우 높던 시절에는 건물을 필요로 하는 임차인들이 더 많았었지만 갈수록 건물은 늘어나 있고 경제성장도 둔화되면서 늘어난 공급만큼 수요는 증가하지 못하고 있다. 그래서, 노후되고 개선 없는 건물은 도태될 수밖에 없는 것이고 결국에는 임대료를 낮추고 더 낮추면서 겨우 장기 공실 상황을 면하게 된다. 그러다 보니 높아지는 토지의 가치를 따라가지 못하게 되면서, 토지 가격 대비 1%대밖에 되지 못하는 민망한 임대수익률 신세가 된다.

새로운 트렌드를 눈여겨보지 않는다 하더라도 인근에 신축한 건물과 비교할 수도 없을 정도로 임대료 간극이 벌어져 있는 것은 조금만 노력해도 쉽게 알 수가 있을 텐데, 어쩌면 그러한 변화를 알면서도 새로운 시도와 추가 투자는 위험하다고 단정하고 이대로 유지하는 것이 더 나은 것이라고 합리화하면서 개선하기보다 안주함을 택했을 것이다. 예전에는 '건물 임대는 바닥 면적만 제공하면 된다'라고 생각했었겠지만 지금은 통하지 않는다는 것을 인정해야 하고 시대의 변화에 맞는 임대 방식으로 전환하면서 구매자인 임차인이 선호하는 공간을 제공해야 한다.

현대자동차의 디자인이 변했고 삼성전자 제품이 변해왔듯이 사용할 소비자가 선택을 해줘야 하는 같은 본질을 가진 건물도 변해야 할 것이다. 또한, 제품을 개선하고 기업의 이윤 증가를 위해서 회사 임원진들의 마인

드부터 많은 변화가 있었듯이, 건물을 사용하는 임차인의 눈높이에 따라서 건축 트렌드가 변하고 있고 다양해진 건물 사용자의 필요에 맞추는 임대 방식도 달라지고 있다면 임대를 하는 운영자의 관점과 사고도 변해야 하는 것은 너무나 당연할 것이다.

2장

법인의 건물 투자시대,
법인과 개인 모두 알아야 할 진짜 이유

사옥은 회사 가치 올리고,
건물 투자는 회사 수익 올린다

어떤 투자 시장이든 수요와 유동성은 확장의 가장 중요한 요소이다. 중소형 빌딩 시장의 큰 호재는 도시계획이나 정부 정책이 아니라 구매력 높은 법인들이 시장에 입성한다는 것이다.

법인을 운영하면서 사업이 안정적으로 성장을 하게 되면 법인에 여유자금이 늘게 된다. 기업은 이윤을 목적으로 하기 때문에 여유 자금으로 메인 비즈니스에 투자를 늘리기도 하고 새로운 사업 분야에 신규 투자를 하기도 한다. 그 목적이 현재 발생할 수 있는 것이든 미래를 기대하는 것이든 공통적인 목적은 수익 창출인데 요즘은 그 목적을 실현하는 방법 중에서 부동산 투자도 상당하게 늘어나고 있다. 기업이라고 해서 반드시 메인 비즈니스와 관계있는 투자만 하라는 법은 없는 것이고 부동산 투자도 하나의 사업 분야로 인식하게 된 것이다.

 어떤 투자 시장이든 수요의 확장은 금액이 상승하는 것에 중요한 요인이 된다. 주택의 경우에도 아파트 단지의 규모가 클수록 거래 시장이 커지면서 매각 유동성이 좋아지는데, 원하는 시점에 무난하게 팔 수 있다는 것은 그만큼 매각 리스크가 적다는 것으로써 환금성이 좋다고도 말한다. 더군다나, 현재 건물 매매시장에 등장하고 있는 법인 수요자의 큰 장점은 개인들보다 구매력이 높다는 것이다. 보유 자금의 규모가 크고 소득 대비 대출 제한이 있는 개인보다 자금 조달력이 훨씬 좋기 때문에 높은 금액대의 건물도 구매할 수 있는 능력이 된다. 부동산 상승기에 높아지는 금액대의 건물들을 소화해 주는 수요자가 유입된다는 것은 장기적인 관점에서 매우 긍정적인 흐름으로 볼 수 있다.

사업을 오래 하면서 안정적인 성장세를 이어가다 보면 메인 비즈니스에 투자를 늘리는 것이 큰 효과가 없는 시기가 오게 된다. 또한, 여러 가지 불안정한 국제 정세나 장기 불황으로 인해서 새로운 사업에 투자를 한다는 것은 원금 손실 측면에서 상당한 리스크를 가지게 된다. 이러한 이유로 법인에 유보금으로 쌓아만 두고 시간이 지나서 보면 인근에 있는 빌딩들의 가격이 상당하게 올라 있음을 알게 되고, 이미 건물에 투자해서 자산을 늘린 다른 법인을 보게 되면서 부러움과 함께 상대적 손실감을 느끼게 된다.

그렇다고 다른 회사 따라서 전략도 없이 무턱대고 투자를 하는 것은 옳지 않고 법인에서 부동산 투자를 할 때는 개인 투자자와는 달리 다양한 매입 목적과 직접 사용 필요 여부 등에 따라서 면밀하게 계획한 후 실행하여야 할 것이다.

이처럼 법인이 건물 투자를 할 때는 개인과는 달리 건물을 사옥으로 직접 사용할 수 있는 선택권이 있고 건물이라는 물리적 자산으로 회사의 신뢰를 높일 수 있는 부가적인 가치도 있으며 그 외 이점들도 여러 가지 있다.

법인이 건물 투자를 통해 얻을 수 있는 가치를 크게 4가지 '사옥 활용 가치, 임대 수익 가치, 매각 시 양도 차익, 그리고 회사의 브랜드 가치'로 나눌 수가 있는데 이에 대한 상세한 내용과 사례를 다음 이야기를 통해서 설명하겠다.

사옥의 사용 가치와 운용 수익,
그리고 세일 & 리스백

법인은 건물 전체를 사용할 수 있고 일부 임대할 수 있으며,
관계된 회사를 유치할 수 있다. 또한, 매각과 동시에 임차할 수도 있는데
다양한 변환에는 분명 다양한 가치가 있을 것이다.

법인에서 건물을 매입하는 경우는 사용하는 여부에 따라서 크게 3+1가지로 나누어진다.

 첫 번째는 건물 전체를 사옥으로 사용하기 위해서이고, 두 번째는 건물 전체를 수익용으로 임대하기 위해서이며, 세 번째로는 건물의 일부는 회사에서 사용하고 일부는 임대를 하는 것이다. 건물 일부를 사용하면서 나머지 공간을 임대하는 방식이 최근 많이 늘어나는 추세이기는 하지만 전적으로 필요에 따라서 그 여부를 결정하면 된다. 그리고, 또 하나 전략적 방식이 더 있는데 그것은 세일 & 리스백이다. 건물을 직접 개발한 후 신축으로 인한 개발 수익을 얻고 사옥으로 계속 사용하면서 수익과 사용의 장점 모두를 가져가는 최상의 전략이다.

첫 번째, 전체 사옥으로 사용하며 회사 사업의 가치를 올린다!

전체를 사용하는 경우에는 수익이 발생하지 않는 것처럼 생각될 수 있지만 그렇지가 않다. 법인 자사 소유의 건물을 매입하기 전에는 분명히 다른 건물에 임차로 있었을 것이고 동일한 면적을 사용한다고 가정했을 때 사옥을 매입하면서 받은 대출의 이자금보다 다른 건물에 있으면서 임대료로 지불해야 하는 금액이 크기 때문이다. 매입 자금의 전부가 대출금은 아니기 때문에 상당 금액의 법인 자금이 투입되기는 하지만 임대료 지출보다는 이자 지출금이 적고 그렇기 때문에 임대료 수익이 발생하지 않더라도 지출이 줄어드는 효과로 인해서 법인의 실수익은 늘어나게 된다.

두 번째, 건물 전체를 임대해서 임대 수익 올리고 자산 가치 늘린다!

빌딩을 매입해서 임대수익용으로 운영하는 것은 한마디로 사업 분야 하나가 늘어나는 것으로써 사업자등록 사업 종목에 임대업을 추가하거나 건물 주소지에 별도로 임대 사업자를 내게 된다. 임대업으로 발생하는 임대료에서 대출이자와 운영경비, 그리고 제세 공과금을 제하고 남는 금액이 임대업의 수익이 된다.

임대업을 하는 것은 다른 신규 사업에 비하면 리스크가 적은 편이기는 하지만 건물 공급이 많은 시대에는 다른 사업 분야처럼 경쟁력을 갖추는 것이 매우 중요하기 때문에 건물 전체를 수익용으로 매입하게 되는 경우라면 매입 당시의 임대료가 지속될 수 있거나 또는 향후 높일 수 있는 건물에 대한 선별력을 더욱 필요로 한다.

세 번째, 일부를 사용하고 일부는 임대해서 회사 사업 가치도 올리고 임대 수익도 올린다!

법인이 건물을 소유하면서 직접 사용도 하게 될 때 또 하나의 장점은 사용하는 면적을 탄력적으로 조정할 수 있다는 것이다.

회사를 운영하다 보면 경기 변동이나 회사 내부의 상황, 그리고 진행할 프로젝트에 따라서 상주하는 인원이 늘어나기도 하고 줄어들기도 한다. 보수적 경향의 업종인 무역, 금융, 건설, 제조업 등의 회사들과는 달리 IT, 게임, 블록체인, 쇼핑몰, 플랫폼 사업 등은 사업 변화의 주기가 아주 짧은 편이고 이에 따르는 구성원의 숫자나 사용면적에 대한 변동이 상당히 빠르게 이루어진다. 시대 변화 속도에 맞춰서, 프로젝트에 따라서 팀을 구성하고 해체하거나 관련된 협력 업체와 공간을 셰어하기도 하는 여러 가지의 변동이 길지 않은 주기로 일어나고 있다는 것이다.

이러한 변동이 있을 때마다 이전을 하게 되면 많은 이전 비용이 발생하고 기존 시설 투자비용은 매몰되며 원상복구 비용까지 지출하게 된다. 임차로 있는 건물에서 해결할 수 있으면 좋겠지만 임차인의 필요에 따라서 층수를 늘리고 줄이고 하는 것은 매우 어렵다. 사용할 면적을 늘려야 하는 경우 건물에 공실이 많을 때는 추가로 얻는 것이 용이하겠지만 공실이 없을 때는 연속된 다른 층의 이전 일정과 타이밍이 맞아야 시도할 수 있을 것이고, 또한 사용면적을 줄여야 하는 경우에는 사용하고 있던 면적의 일부를 제외하는 것이 건물 측 임대조건과 방식에 부합해야 하기 때문에 현실적으로 쉽지가 않다.

하지만, 법인 자체 소유의 건물을 사용하는 경우에는 회사의 상황에 맞게 층수를 정하고 나머지는 임대하면 되는 것이고, 사용하다가 줄이게 되더라도 설치해 놓은 인테리어 시설물을 들어오게 되는 임차인이 그대로 사용하는 조건 제시가 가능하며 향후 필요 계획에 따라 임대 기간도 협의해서 임대차 계약을 체결할 수 있다. 또한, 필요에 따라 업무적으로 관련이 있는 협력사를 다른 층에 임차하게 함으로써 사업 효율성을 높이기도 하고, 좋은 임대조건을 제시하여 유용한 관련 회사를 의도적으로 유치하는 전략들도 실행된다. 이처럼, 일부 사용, 일부 임대 방식에서는 임대 수익 이외에 운용 비용을 줄이는 효과를 비롯해서 업무적으로 시너지가 날 수 있는 부가적인 이점까지 얻을 수 있는 장점이 있다.

네 번째, 사옥을 신축하고, 사옥을 매각하며, 사옥을 임차한다!

법인이 빌딩에 들어가 있을 때 법적인 지위는 소유자이거나 임차인 둘 중 하나인데 소유하고 있는 건물을 매각하면서 동시에 임차인의 지위로 전환되는 방식을 세일 & 리스백이라 한다. 이러한 매매 방식은 대기업들이 보유자산을 활용해 현금을 확보하는 자산유동화 기법으로 시작되었던 것인데 영리한 중소형 법인들이 부동산 투자 기법으로 가져오면서 회사의 수익을 늘리고 있다.

사옥 세일 & 리스백 실행 사례(매각 후 리스백 3년)
(위) 아키데일리, (아래) 케이탑리츠

기존에 있던 건물을 매입해서 사옥으로 사용하다가 자산의 가격이 상승한 후에 매각하면서 시세 차익을 실현할 수도 있겠지만 수익적으로 더 효과적인 것은 직접 사옥을 짓는 것이다. 부동산 시세 차익과는 별개로 개발 수익을 우선적으로 얻을 수 있고 이때 토지 가격 상승까지 있는 시기라면 회사의 수익은 훨씬 커지게 된다.

매각과 동시에 임차로 전환하는 이 방식에서 임대차 계약 기간은 일반적으로 3~5년 정도로 체결하게 되는데 매도인에게는 수익을 실현한 다음에도 사옥의 장점을 가지면서 계속 사용할 수 있다는 장점을 가지게 하고, 건물을 매수하는 매수인은 이미 증명된 우량 임차사를 매입과 동시에 임차인으로 얻게 되면서 장기간의 임대 안정성과 확정 수익률을 보장받게 됨으로써 양 당사자 모두 최고의 윈윈 효과를 가질 수 있다. 법인이 하는 부동산 투자로는 아주 적극적이면서도 안정적인 기법이라 할 수 있어서 앞으로도 늘어날 것으로 전망한다.

다만, 이 방식에서 매수자가 아주 주의해야 할 점은 임대료의 적정성이다. 일반 상식과는 달리 매도인이 제시하는 임대료가 시세보다 높은 경우가 종종 있는데 임대료를 더 내겠다는 것이 선뜻 이해가 안 되겠지만 사실이 그렇고 그래서 주의해야 한다. 그 이유는 매도인이 몇 년 동안 더 내는 임대료의 합계보다 높아진 임대료로 인해서 수익환원법*으로 환산된 매각 가격의 인상폭이 훨씬 더 크기 때문이다. 그래서, 매도 측에서 제시하는 임대 수익에만 현혹되지 말고 유사한 임대물건들을 비교하면서 본 건물의

* **수익환원법**
  임대료 연 수익/자본환원율 = 자산 가격

임대 시세 확인이 반드시 선행되어야 한다.

> **예시**
>
> 건물 전체를 임대차 전환하는 조건으로 매각하면서 계약 기간은 3년으로 하고 임대료는 인근 시세보다 5백만 원 더 높게 매매 시장에 내놓았다면, 이때 매도인이 시세보다 더 내게 될 임대료의 합계와 그 임대료로 인하여 시장에서 더 인정받게 되는 환산 매각가치는?
>
> ① 더 내게 될 임대료 합계
> 월 임대료 5백만 원 × 60개월 = **1억 8천만 원**
> ② 인상되는 매각 가격
> (월 임대료 5백만 원 × 12개월) / 자본전환율 3.5% = **10억 7천만 원**

계산의 결과에서 볼 수 있듯이 임대료로 내는 돈의 합계액보다 시장에서 인정받는 자본환원율에 의한 자산 가치가 월등하게 높다는 것을 확인할 수 있다. 매월 5백만 원, 연 6천만 원이 적지 않은 돈이기는 하지만 그 비용을 자산의 가치로 환산하면 10억 7천만 원이나 되기 때문에 임대료 지출을 늘리더라도 자본환원 가치를 높이는 것이 명확하게 유리한 매도 전략이 되는 것이다.

사옥의 자산 가치와 브랜드 가치,
유형과 무형 자산 모두를 늘리다

사옥 빌딩이라는 장소 확보는 회사의 신뢰성과 가치를 높일 때, 고객에게 실물로 보일 수 있고 소속된 임직원들에게 자부심 있게 머무르게 할 수 있는 훌륭한 도구가 된다.

회사에는 숫자로 보이는 수익 이외에도 자산 가치들이 있다. 자산에는 대표적 유형 자산인 부동산 자산이 있고 무형 자산으로는 회사의 브랜드 가치 등이 있다. 앞서 보았던 것처럼 사옥으로 사용을 하거나 임대 수익용으로 매입을 했을 때 사용의 가치도 누릴 수 있고 임대로 인한 수익도 늘릴 수 있는데, 여기에 또 더해지는 것이 자산 가치 증가이며 그 자산에는 부동산이 있고 브랜드도 있다.

 부동산 자산 가치 증가분은 건물을 매각하게 될 때 자본 이득으로 얻게 된다. 부동산 자산의 가치 증가는 물가 인상을 따르는 인플레이션적 기본 상승이 있고, 부동산 상승기에 더해지는 동반 상승분이 있으며 남들보다 더 나은 전략 투자에 의한 개별 수익 증가분이 있다. 이 모든 자산 증가분은 부동산 매각을 통해서 법인의 수익으로 들어오게 되는데, 개인은 양도 차익이 큰 건물을 매각할 때 양도 소득세로 최고세율 40% 이상을 세금으로 내야 하지만 법인은 20%의 법인세만 내면 되기 때문에 세금 납부 후 양도 차익을 회수하는 크기에서 큰 이점이 있다.

또한, 법인에서는 무형적 자산인 회사 인지도와 브랜드 가치를 올리기 위해서 많은 비용을 들이고 투자하면서 홍보를 한다. 이러한 노력들은 궁극적으로 회사의 신뢰도를 높이기 위한 것인데 여러 신뢰 항목 중에서 기업의 안정성이 중요하고, 사옥이라는 것은 설명 없이도 실물 자산을 외부에 알리는 것에 자연스럽다. 어떤 회사의 서비스를 구매하게 될 때 제품(또는 정보나 서비스)만으로 결정하기도 하지만 그 회사의 신뢰도나 인지도에 영향을 받으면서 판단하는 경우가 훨씬 많다.

대기업의 경우 대형 빌딩 전체를 사옥으로 사용하면서 인지도와 함께 홍보 효과를 높이는 경우를 많이 볼 수 있는데 중소형 회사들이 대로변에 대형 빌딩을 사옥으로 가지는 것은 현실적으로 어렵다. 매우 비싼 임대료를 지불하면서 인지도 높은 대형 빌딩에 입주해 있는 것을 회사의 실력으로 내보이는 방법이 있지만, 빌딩에 상주하는 많은 임차사 중에 한 구성원이기 때문에 건물을 통해서 회사의 정체성이나 주체성을 표현하는 것은 한정적일 수밖에 없다. 이에 비해서 중소형 빌딩 전체를 사옥으로 사용하고 있다면 그 빌딩이 가지고 있는 매력이 회사의 이미지가 될 수도 있고 존재감 있는 회사로 인식될 수 있다. 이러한 점을 고려해서 중소형 빌딩을 사옥으로 매입할 때는 시각적으로 보이는 건물의 퀄리티가 곧 회사의 이미지가 될 수 있다고 생각하면서 외관 수준과 공간 구성 항목에 높은 가중치를 두는 것이 중요한 포인트이다.

이렇듯 건물은 회사를 홍보하기에도 아주 좋은 도구가 되기에 사옥으로 사용하는 경우 회사 상호나 브랜드명을 건물명칭으로 등록하는 것이 좋다. 관할 관청에 건물명을 신청하면 건축물대장에 공식적으로 표기가 되고 네이버 같은 포털사이트나 내비게이션 앱에도 검색되면서 노출이 된다. 또한, 건물에서 가시적으로 잘 노출되는 곳에 회사의 CI가 보이는 것부터 홍보가 되고 가치가 된다.

신논현역 사거리에는 노출 콘크리트 외벽에 지름 1m 크기로 약 3,300개의 구멍이 뚫려 있는 유명한 빌딩이 있다. 이 건물은 어반하이브라는 빌딩명이 있는데도 건물 상단에 보면 입주사 중 한 회사의 브랜드가 건물명으로 노출되어 있으면서 마치, 그 회사의 사옥인 것처럼 보이게 한다.

어반하이브 빌딩처럼 임차인이 빌딩명 노출 효과를 사용하는 권리를 "네이밍 라이츠(Naming Rights)"라고 하며 임차인이 건물명을 통해서 사업적으로 광고, 홍보 등에 사용할 수 있도록 허용하는 것을 말한다. 궁극적으로 빌딩의 사용권을 여러 가치로 분리해서 건물의 수익을 증가시키는 임대 기법 중 하나로써 임대차 계약을 할 때 임대료와는 별도의 사용료를 지불하기로 하면서 "건물명 사용 권리"를 체결한다. 이 권리를 통해 기업들은 건물을 소유하고 있거나 사옥으로 보이는 효과를 활용하면서 브랜드의 인지도를 높이고 위치 기반의 마케팅 전략을 실행할 수 있다.

건물명과는 별개로 이 건물에서는 최근에 임차한 캐나다 커피 프랜차이즈 회사가 건물의 한 개 층 외벽을 이용하는 홍보가 있었는데 이것 또한 건물과 노출이라는 장점을 톡톡히 활용하는 사례이다.

네이밍 라이츠 "바탕"브랜드
건물 상단에 노출

신논현역 사거리 어반하이브 빌딩
ⓒ 포스코 뉴스룸

캐나다 커피 브랜드 론칭 벽면 홍보

건물 정식 명칭 "어반 하이브" 1층에 노출

빌딩이라는 도구는 그 회사의 고객이나 거래처 등 관련된 여러 대상에게 가시성을 활용해 신뢰도를 얻고 있는데 이것만큼이나 중요한 것이 그 회사에 입사를 희망하고 근무를 하게 되는 직원들에게 더 나은 가치를 부여한다는 것이다. 누구나 자부심을 가지면서 회사를 다니기를 원할 것인데 회사의 미래가치와 성장 가능성에도 역점을 둬야 하겠지만 당장 매일 접하게 되는 건물 이미지와 공간의 만족도는 너무나 중요할 것이다. 아침에 집에서 나와 어떤 장소와 공간으로 출근하는가에 따라서 회사 만족도가 영향받는 것은 자연스러운 결과이다.

사람들의 경제 수준이 높아질수록 "직장은 일만 하는 장소가 아니다"라고 인식하고 있음을 알아야 한다. 회사가 근무하는 곳이라는 것은 당연하지만 직원들 간에 소통할 수 있는 장소가 있어야 하고 휴식을 취할 수 있는 곳도 원하게 되며, 거기에다 회사에 고객사들을 초대해서 새로운 기획을 제안하거나 상품 발표 등을 할 수 있는 공간까지 있게 된다면 최상일 것이다. 다른 장소를 대관해서 행사하는 것과는 그 효과가 분명 다르기 때문이다.

기업은 더 성장하기 위해서 우수한 인재를 들여야 하고 이에 많은 노력을 한다. 이때 회사의 신뢰와 가치를 설명하는 방법으로써 눈으로 확인 가능하고 자부심 있게 머무르게 할 수 있는 사옥이라는 장소가 있다는 것은 큰 도움이 된다. 즉, 사옥이라는 장소 확보는 인재를 확보하고 회사를 성장시키는 데 매우 훌륭한 도구가 된다는 것이다.

앞에서 설명한 여러 가지의 목적과 다양한 필요에 의해서 다수의 법인들이 중소형빌딩 시장에 들어와 있고 앞으로도 늘어날 것이다. '자금 유동성이 좋고 구매력이 높은 법인들이 빌딩 시장에 진입하고 있다'라는 것은 기존의 투자자에게는 물론이고 향후 빌딩 시장 전체에 매우 실효적인 호재가 된다. 어떤 투자 종류이든지 수요 증가와 유동성의 확장은 가격 상승에 가장 중요한 요소가 되기 때문에 중소형 빌딩 투자 시장의 성장은 앞으로도 계속될 것으로 본다.

II.
더 남는 선택법

3장

지역분석_
하기 전에 먼저 이해하는
선택 원리와 미래 가치

지역에 따라 은행 이자율과
원금이 다르다면 어디에 예금할까?

예금은 원금과 이자로 구성이 되고, 건물은 자산과 수익으로 구성된다.
원금은 변하지 않지만 자산은 변동을 하고, 변동의 차이에 따라
임대수익 크기도 달라진다.

여러분이라면, 같은 은행인데 수도권에 예금하면 4.5%의 이자를 받고 강남에 예금하면 3%밖에 받지 못한다면 어디에 예금하겠는가?

아마도 대다수의 사람들이 수도권에 있는 은행에서 예금 계좌를 개설할 것이다. 너무나 당연한 선택이겠지만 건물 투자에는 은행의 이자 선택 논리와 맞지 않는 것이 있는데, 인천에 4% 중반 임대수익 빌딩이 있는 것을 알면서도 강남에서 3% 초반 임대수익 빌딩을 매입하는 것이다. 그것은, 부동산에는 있지만 은행 예금에는 없는 것이 있기 때문인데 바로 양도차익이다. 은행에 예금했던 돈을 찾을 때는 예금했었던 원금 그대로 받게 되지만, 건물은 내가 매입했던 금액에 양도차익을 더해서 받게 되는 것이 큰 차이이다.

양도차익이라는 것은 건물을 소유하고 있는 동안에 상승된 토지 가치 또는 상승시킨 자본 가치가 자산의 형태로 있다가 매각하게 될 때 수익으로 실현되는 것을 말한다. 이렇게, 건물 투자에서는 '임대하면서 받는 임대수익'과 '매각하면서 받는 양도 수익'으로 나누어지는데 이 두 가지 수익 각각의 장단점에 따르는 지역별 투자 전략에 대해서 설명해 보겠다.

첫 번째, 양도 수익 측면에서 건물 매입 지역을 선택할 때

양도 수익은 어디에서 오는가?라고 물으면 매우 여러 가지 답이 있을 수 있는데 질문을 풀어서 보면 '양도 수익은 어떤 수치에 근거해서 정해지는가'이다.

> **Value-up**
>
> **양도수익** = 양도가액 − 매입가격
> **양도가액** = 매입가격 + {일반적 지가 상승 (+ 지역 미래가치) + 건물별 자본 가치 상승분}

이 설명에서 주목해야 할 부분은 지역 미래가치인데 이것이 양도가액에 더해지면서 기대수익률에 지대한 영향을 끼치기 때문이다. 미래가치는 부동산 가격이 상승될 확정된 호재가 반영되는 것이 있고, 과거 학습효과에 따라 앞으로도 오를 것이라는 기대감이 반영되는 것이 있다. 이러한 요인들은 지가를 올리게 되고 지역 건물들의 자본적 가치를 높이게 되는데, 이 상승분 가액이 보유하면서 얻게 되는 임대수익의 총합계액보다 더 커지는 지역들이 있다.

예를 들어, 연 수익률이 4% 나오는 건물이 있는데 일부의 공실도 없이 10년 동안 완벽하게 임대를 했다고 하자. 이때 임대수익을 모두 더해보면 부동산 가격의 40%가 되게 된다. 상당하게 큰 수익인 것은 맞지만 지난 10년 동안 부동산 가격의 상승률을 보면 강남권을 비롯해서 2배 이상 오른 곳들이 있고 그러한 지역에서 건물을 10년 보유하다가 매각했다면 양도차익은 임대수익 40%보다 훨씬 큰 100% 이상이 되는 것이다.

그런 측면에서 강남권에 투자를 결정하는 지역별 특성은 '매수자가 보유하면서 얻게 되는 임대 수익률 보다 자산 가치가 증가해서 향후 매각할 때 발생하는 양도차익 크기에 더 큰 기대를 하는 것'이다.

요약하면, 기대수익률 ≪ 기대차익률이 되는 것이고 이러한 전략에 따르는 투자가 계속해서 이어지는 것은 오랫동안의 학습효과가 있었기 때문이다.

이것을 은행의 예금과 비유하자면, 이자 누적 금액의 차이보다 돌려받는 원금액의 차이가 다른 지역에 비해서 강남이 훨씬 커진다는 결과로 설명된다.

두 번째, 보유 수익 측면에서 건물 매입 지역을 선택할 때

은행 예금이자와 부동산 임대수익은, 예금을 예치하고 부동산을 보유하고 있을 때 발생되는 보유 수익이라는 공통점이 있으며 예금을 인출하면 현금이 되듯이 건물도 팔아서 현금화를 할 수 있다. 상속이나 증여로 물려줄 것이 아니라면 말이다. 언젠가는 건물을 팔게 될 때 건물주는 매도인이 되고 매입하는 사람은 매수인이 되게 되며, 매수인의 대부분은 임대수익형으로 매수하는데 이때 매우 중요한 수치가 수익률이다. 이때의 수익률을 기대수익률이라 하는데 건물을 사게 된 후 건물을 보유하면서 기대할 수 있는 임대수익률이기 때문에 그렇게 지칭한다.

건물을 매입할 때 대출을 받아서 사게 되고, 일반적으로는 대출 이자보다 건물 임대수익이 크기 때문에 레버리지 효과를 이용해서 자기 자본 투자 수익률이 더 높아지는 결과를 얻게 된다. 하지만, 금리가 많이 오르는 상황이 되면 대출 이자율보다 임대수익률이 낮아지는 지역들이 늘어나게 되는데 그런 지역들의 특성은 향후 지가 상승을 기대하면서 투자하기는 했지만 보유하고 있는 당장에는 이자 부담이 클 수도 있다는 단점이 있다.

강남의 경우에는 다른 지역에 비해 기대수익률이 낮은 편이기 때문에 은행 금리가 상승하게 되면 임대료에서 대출 이자를 내게 될 때 수익률이 높은 지역에 비해서 불리해진다. 비교하자면 수도권에 있는 높은 수익률의 건물을 매입했더라면 고금리 상황이 되었을 때 임대료가 많이 남지는 않아도 내 돈까지 더해서 대출 이자를 낼 확률은 상당히 낮다.

이 책에서는 불리한 점까지 만회할 수 있도록 더 남는 건물 투자법에 대해 설명하고 있지만, 지역별 투자 전략은 투자자의 성향이나 자금 상황 등을 고려해서 신중하게 선택해야 하는데 그러기 위해서는 그 차이에 대해 충분히 이해하는 것이 먼저 필요하다.

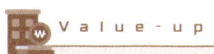

예시

홍길동과 임꺽정은 30억 원으로 A (수익률 3.0%, 지가 상승이 높아 왔던 곳) 와 B (수익률 4.5%, 지가 상승이 많이 않았던 곳) 지역에 각각 빌딩을 매입하고, 10년 경과 후 같은 시기에 매각하게 되었다. 두 사람의 임대와 매각으로 인한 수익의 결과는?

홍길동 (A 지역)
10년간 임대수익 9억 원 + (매각가 60억 원 – 매입가 30억 원) = **총 수익 39억 원**

임꺽정 (B 지역)
10년간 임대수익 13억 5천만 원 + (매각가 40억 5천만 원 – 매입가 30억 원) = **총 수익 24억 원**

※ 실제 최근 10년간 지가 변동을 연평균으로 나누었을 때, 강남의 주요 지역은 10% 이상의 상승이 있었고 수도권 주요 지역은 3~4% 정도 상승이 있었다.

    홍길동은 보유하면서 얻게 되는 임대수익률보다 향후 발생할 지가 상승의 기대가 큰 지역에 투자한 것이고, 과거에는 지가가 상승했던 지역이 계속해서 오른다는 보장이 없다면서 걱정이 되던 임꺽정은 미래 상승 기대보다 매월, 매년 실현할 수 있는 임대수익을 더 중요하게 생각하고 투자를 한 것이다.

    건물을 매입할 지역 선택은 각자의 투자성향과 목적에 따라 결정하는 것이 옳은데, 은행의 예금 이자율과는 다르게 지역별로 무엇이 어떻게 차이가 나는지를 알고서 현명하게 지역 선정을 하는 것이 중요하겠다.

최고의 투자지역 강남에서
부동산 상승 원리 배우기

강남에 아파트 수요와 오피스 수요가 지속되고 있는 원리는 같다.
명문 학교와 유명 학원 그에 따르는 주택 수요, 대기업과 관계 기업
그에 따르는 오피스 수요

우리는 강남 불패라는 단어를 꽤 오랜 시간 동안 들어왔다. 그리고, 얼마 전에는 강남에 똘똘한 한 채라는 말이 핫하게 유행했었다. 그것은 아파트에만 한정되는 말이 아니라 건물에도 똑같이 적용되었고 지금도 사람들의 머릿속에 그 인식은 여전하다. 오피스 중심지 강남 배우기를 쓰게 된 것이 건물 투자는 반드시 강남에 해야 한다가 아니라, 우리나라에서 건물 매매 시장의 규모가 가장 큰 곳의 배경을 이해함으로써 수요의 지속성이 부동산 상승에 기반이 되는 원리를 알게 하고자 하는 마음이다.

아파트 투자에서 다주택 중과 정책이 예고되던 시점에 많은 사람들이 지방의 아파트를 매각하고 강남, 서초, 송파로 갈아타면서 똘똘한 한 채 붐이 일었었고, 건물의 경우에는 서울 비강남권 지역이나 지방에서 강남

빌딩 가격 상승을 체감하지 못하고 있다가 연예인 빌딩 투자 성공 기사를 비롯해서 일부 예능 프로그램 출연자들의 강남 소유 건물 이야기가 수시로 거론되면서 관심도가 높아지게 되었다.

그렇다고, 강남지역의 건물 가격이 몇몇 연예인들의 투자 사례와 TV 방송과 각종 매체의 기사들로 인해서 상승된 것은 아닐 것이다. 수많은 요인 중에서 극히 일부에 해당되는 것일 텐데 그렇다면 강남의 건물 가격은 그동안 어떤 원동력으로 계속 오를 수 있었고 앞으로도 계속 올라갈 것인지에 대해서 생각해 보자.

강남을 쉽게 이해하기 위해서 아파트 측면에서 먼저 생각해 보면 학군이라는 요소가 크게 작용했음을 인정할 것이다. 강남구에 명문 고등학교들이 이전하면서 그 학교를 원하는 가정들도 이동하게 된다. 이후에는 실력 있는 유명 학원들이 늘어나게 되었고, 더 높은 학업 결과를 원하는 부모와 학생들이 계속해서 이어지면서 수십 년이 지나도록 명문학군 지역으로서의 위상을 변함없이 유지하고 있다.

오피스 측면에서 보면 국내 최대 업무시설 권역이라는 기반이 가장 명확한 요소라고 생각한다. 강남 한복판을 가로지르는 테헤란로가 최고 기업들의 비즈니스 벨트로 형성되어 있고 강남대로, 도산대로, 영동대로라는 4대 대로가 동서남북으로 이어지면서 어마어마한 크기의 스퀘어를 만들어 놓았다. 인터넷 지도에서 강남구를 내려다보면 각각의 블록들이 네모 반듯하게 구획되어 있는 것을 알 수 있고, 더 큰 그림으로 보게 되면 폭 50m 넘는 대로변 네 곳이 선을 이루는 사각형을 볼 수가 있다.

이렇게 어마어마한 "빅 스퀘어 업무 중심지"를 다른 곳에 다시 구축하기는 현실적으로 불가능하다. 그러다 보니 실력 있는 회사들은 강남으로 모여들어 있고 우리는 알게 모르게 강남에 있는 회사를 사업 잘 하는 회사로 인식하게 되었으며 이러한 선입견은 그 회사의 신뢰도를 높여주는 효과가 된다. 또한, 고객이 회사에 가지는 선입견뿐만이 아니라 회사 대 회사 간에도 그러한 인식들은 충분히 있게 되고, 무엇보다 회사를 다니는 직원의 입장에서도 강남에 있는 회사를 다니는 것에 자부심을 더 느끼는 것은 일반적인 현상이다.

강남권에는 삼성, 현대 등 국내외 글로벌 대기업들이 자리 잡고 있다. 그래서, 사업적으로 관련되거나 영향이 있게 되는 수많은 회사들이 따라 모여들어 있고, 그것은 물리적 접근성에 따르는 업무 효율성이 매우 중요하다고 판단했기 때문이다.

비대면 회의 방식이 시스템적으로 늘어났다 하더라도 회의실이라는 같은 공간 안에서 주고받는 효율성을 넘어설 수는 없을 것이다. 미팅하기에 용이하다는 것은 회사의 위치 확보가 비즈니스에 도움이 된다는 것을 말한다.

그래서, 앞에서 본 강남의 아파트 수요와 오피스 수요의 원리가 본질적으로 같다는 것을 알 수 있다. 온라인 강의가 아무리 질 높은 수준으로 발전을 했다고 해도 강의실 책상 앞에서 주고받는 수업의 효과를 넘어설 수 없기 때문이다.

"좋은 학교에 명문학원 그에 따르는 주택 수요, 대기업에 관련 회사 그에 따르는 오피스 수요"

요약해 보면 회사가 강남에 위치하고 있다는 것은 "회사의 신뢰도에 도움이 되고, 업무적으로 효율을 높이며 좋은 인재를 확보하기에 유리하다"라는 이점을 가지게 된다. 그래서, 기업 입장에서는 다른 지역에 비해 더 높은 임대료를 지불하는 것을 지출 증가로 보지 않고 사업 투자비용 개념으로 생각한다. 오랫동안 사업을 영위하고 있는 회사들도 신뢰도와 효율성 등을 높이고자 위치 확보에 대한 투자를 마다하지 않고 있는데, 새로운 사업을 알려야 하거나 신설회사의 경우에는 할 수만 있다면 이러한 시너지 효과를 더더욱 활용하고 싶어 할 것이다.

지난 시간들을 되돌아보면 시대적으로 새롭게 성장하게 되는 업종들이 있었다. 2000년 초반부터 대표적인 신사업들을 보면 온라인 포털사이트를 포함한 IT, 게임 업종이 세상을 놀라게 하면서 붐을 일으켰고 엔터테인먼트, 온라인 쇼핑, 신재생에너지, 바이오 등을 비롯해서 각종 플랫폼 스타트업들이 각기 다른 신사업을 주도했으며 최근에는 블록체인, 비트코인, AI, 메타버스, GPT까지 사업의 종류는 무한하게 늘어나고 있다.

이러한 새로운 분야의 사업 아이템과 사업성에 대한 신뢰도를 높이고 싶을 때는 강남이라는 장소 가치를 활용하고 싶어 하게 되고, 그렇다 보니 위에 나열한 업종들 대부분은 강남권 빅 스퀘어 업무 중심지에서 새로운 사업을 홍보하고 사업을 성장시켜 나갔다. 신사업 현상 외에도, 비강남권에 있다가 회사가 성장하면서 사업을 확장하게 될 때 강남에 소재하고 있는 대형 빌딩으로 이전을 하거나 강남권에서 사옥을 마련하게 되는 사례들도 계속해서 이어지고 있다.

지금은 4차 산업혁명으로 변혁되고 있는 시대이고 강남은 그에 맞는 비즈니스 플랫폼의 도시로 거듭나고 있다. 삶의 수준 변화와 시대의 흐름에 따라서 새로운 시장, 새로운 사업들은 계속해서 입성할 것이고 그 속에서 살아남는 회사들은 대체할 수 없는 강남 빅 스퀘어의 장점을 등에 업고서 더 크게 성장해 나갈 것이다. 사업이 커질수록 지불 능력이 높아지고 수요 면적은 증가가 되면서 임대 수익과 부동산 가격 상승에 지속적으로 반영이 될 것으로 본다.

최고의 투자지역 강남에서
부동산 상승 배경 배우기

기업은 성장을 위해 지역의 인지도와 인프라 활용에 큰 비용을 지불한다.
그 비용은 부동산으로 투입되고 그로 인해 지역 프리미엄이 더 높아지면서
기업의 성장과 부동산의 상승은 계속된다.

앞 편에서 설명했듯이 테헤란로, 강남대로, 도산대로, 영동대로 이 4대로가 강남의 큰 축을 이루고 있기 때문에 어마어마한 스케일의 업무시설과 다양한 복합 상업시설들이 자리할 수 있게 되었다. 빅 스퀘어 중에서도 가장 주요한 지점이라 할 수 있는 남서쪽 코너 강남역에 삼성그룹 업무 단지가 조성되어 있고 머지않아 개발될 롯데그룹 부지가 바로 옆으로 있으며 대칭을 이루게 되는 테헤란로의 반대쪽 남동쪽 코너 삼성역에는 현재 진행형으로 현대차 글로벌 비즈니스센터(GBC)가 건설되고 있다. 우리나라의 국가 인지도를 넘어설 정도의 네임 밸류를 가지고 있는 글로벌 회사 두 곳이 빅 스퀘어 내에서도 가장 핵심이 되는 두 꼭짓점을 파급력 높게 차지하고 있다.

테헤란로에는 삼성, 포스코, GS, 한국타이어, 현대모비스 등 무수하게 많은 대기업들이 대로변 곳곳에 자리 잡고 있으며, 강남대로는 현대 계열의 대기업뿐만 아니라, 어학 및 유학, 패션, K-뷰티를 주도하는 의료 관련 업종들이 특화를 이루고 있다. 또한, 도산대로는 광고, 디자인, 예술 관련 업종을 비롯해서 해외 브랜드 한국지사와 명품 매장 거리 등으로 지역 자체를 명품 브랜드 라인으로 형성하고 있고, 영동대로에는 순수 국내 기술을 세계시장으로 펼쳐낸 골프존 사옥과 엔터테인먼트 회사 및 코엑스 몰, 6성급 호텔 등 방송 관련 및 상업 복합시설들이 강남의 세계화와 고급화를 가속하고 있다.

강남이라는 곳은 보다시피 기업의 수만 많은 것이 아니라 업종의 종류까지도 매우 다양하고 그 방대한 기업들의 양적 숫자와 업종의 다양함이 시너지를 내면서 강남의 비즈니스 특수를 계속해서 이어 나가고 있다. 이렇게 비즈니스 인프라가 좋은 강남이기 때문에 아직 입성하지 않은 대기업들도 사옥의 입지로 탐내게 되는 것이 당연하고, 이러한 현상의 근본적인 기반은 강남만이 가지고 있는 특별한 빅 스퀘어 네 대로변이라고 판단한다.

삼성은 사옥 타운을 조성할 목적으로 1996년도에 도곡동에 부지를 매입해서 건설을 계획하던 중 예상하지 못했던 국가적 위기 IMF를 맞게 되면서 첫 번째 계획했던 강남 입성을 연기하게 되었고 그로부터 2년 뒤 1998년, 사옥 후보지였던 도곡동 부지에는 현재의 타워팰리스를 짓게 된다. 이것과는 별개로 "서 S_ 프로젝트"라고 명명된 기획으로 아주 오랜 기간에 걸쳐 토지를 매입해 온 강남역 남서쪽 서초동 부지에 현재의 삼성타

운을 건설하고 2008년에 삼성전자, 삼성물산 등 주요 계열사가 모두 입주를 하게 된다. 이 선한 영향력으로 인해 인근 지역에 있는 부동산은 종류를 가리지 않고 건물, 아파트, 오피스텔, 상가까지 모두 오르게 되는데 프로젝트가 공개될 때 오르고, 착공할 때 오르고, 완공되었을 때 또 올랐다.

참고로, 삼성은 1980년대부터 이곳에 필지를 매입하기 시작하였으므로 20년이라는 기간 동안 강남역 대형 부지를 만드는 것에 아주 많은 공을 들였다는 것을 짐작할 수 있고 이를 통해 비즈니스 핵심 지역에서 대단위 필지를 확보하는 것이 얼마나 어려운 일인지를 엿볼 수가 있다.

현재 서초구 양재동의 끝자락에 자리 잡고 있는 현대자동차 그룹 또한 글로벌 인지도에 걸맞은 장소로 사옥을 이전하고 싶은 숙원이 있었는데 그것을 이루게 될 수 있는 천금 같은 기회가 2014년에 있게 되었다. 삼성역 북동쪽 블록의 대부분을 차지하고 있는 한국전력 본사가 서울 소재 공공기관의 지방 도시 이전 정책으로 인하여 매각을 진행하게 되었는데 삼성이 20년 넘는 시간을 들여 어렵게 만들어 낸 것을 보면 이 정도의 대형 필지(7만 9342㎡)를 강남에서 매입할 수 있는 기회가 두 번 다시 올 수 없음이 분명했다.

엄청난 기회인 것은 분명하지만 토지의 면적이나 금액 규모가 워낙 크다 보니 국내에서 손꼽히는 대기업 몇 곳만 후보자로 경쟁 입찰에 참여하게 되었다. 그중에는 삼성도 있었는데 강남 핵심 지역에 이미 사옥 타운을 형성하고 있었기 때문에 무리하지 않고 시세보다 약간 높은 금액을 써서 입찰에 참여하였는데 현대차는 놀랍게도 공시지가의 5배이고, 시세에 대비해서도 3배를 넘어서는 높은 가격으로 참여하여 입찰을 하게 된다.

당시 공시지가는 2조 원대였고 시세로 보면 4조 원 정도, 이에 삼성은 5조 원을 써냈는데 현대차의 입찰가는 10조 5천5백억 원이라는 금액으로 시장의 예상을 훨씬 넘어서는 것이었다. 당시에 인근 건물들은 토지 기준으로 평당 1억 원 안팎으로 거래되고 있었는데 현대차는 평당 4억 4천만 원으로 매입하겠다고 입찰한 것이다.

특별한 위치인 것은 분명하지만 과한 입찰가인 것도 분명했다. 부동산 관련한 많은 전문가들이 너무 높은 매입 가격이라고 논평을 하였는데 현대차 입장에서는 두 번 다시 올 수 없는 기회였기 때문에 절대 놓쳐서는 안된다는 생각이 더 컸을 것이다. 그것의 가장 큰 이유는 "현대차와 기아차의 인지도를 세계 최고 수준으로 끌어올리기 위해서 필요했던 글로벌 비즈니스센터 건설 부지로 강남 지역을 대체할 곳은 없다"라는 확신이었다.

그로부터, 10년이 경과된 지금 현대 글로벌 비즈니스센터가 건축되고 있고 현재 토지의 공시지가는 입찰 당시 대비 4배 가까이 올랐다. 물론, 현대차가 단순하게 토지 가격 상승을 노리고 본 사옥 부지를 매입한 것은 아니라 현대 글로벌 비즈니스센터라는 사업 부지 명칭에서 알 수 있듯이 현대기아차와 현대 그룹의 세계적인 비즈니스 성장을 도모하기 위해서 일 것이다.

당시 토지 매입가 10조원 넘는 금액이 시세의 2배를 훨씬 넘어서는 높은 금액이었지만 연 매출이 300조 원을 돌파한 현대차 3사의 비즈니스 측면에서 보면 대체할 수 없는 그룹 사옥 부지를 확보하는데 충분히 투자할 수 있는 금액으로 볼 수가 있고 현대와 기아차를 비롯해서 여러 계열사가 입주하게 된 후, 이 장소의 확보로 인해 얻게 되는 사업적 가치는 부지 입

현대차글로벌비즈니스센터 신축 부지 전경

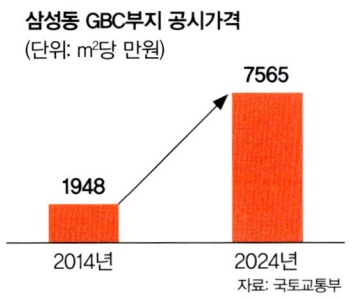
신축 부지 공시지가 변동표

찰 가격보다 몇십 배가 될 수 있고 몇백 배가 될 수도 있을 것이다.

이처럼, 글로벌 기업까지도 치열하게 경쟁을 하면서 입성하게 되는 강남이다 보니 회사가 우리나라 최고의 업무 중심 지역에 있는 것을 자부심으로 생각하는 것이 자연스러운 현상이 되고 통상적으로 강남은 잘 하는 회사들이 모여 있고, 늘 앞서 나가는 곳으로 인식하게 되었다.

지역분석으로 강남 배우기를 쓰게 된 목적은 앞 편에서 말한 것처럼 건물 투자에 있어서 수요의 지속성이 부동산 가격 상승의 기반이 되는 원리를 알게 하고자 함도 있지만, 이 방대한 규모의 비즈니스 시장 형성과 성장 배경에는 우리나라 최고 대기업들의 과감한 선택과 긴 시간의 노력이 있었고 그 영향력이 부동산 가격에 계속해서 반영되고 있다는 것을 설명하기 위해서이다.

4장

지역분석_
할 때 중요한 것은
개발성보다 쾌적성

정책이나 유행하는 상권 쫓지 말고
쾌적한 곳에 투자하자

실패하지 않는 투자를 하려면 언제 실행될지 모르는 깜깜이 정부 정책 투자나, 언제 쇠락해질지 모를 휘발성 높은 상권 투자에 주목하던 지금까지의 지역분석에서 완전히 벗어나야 한다.

어떤 분야에서 최고인 한 사람만 얘기해보라 했을 때 우리는 답하기 쉽지 않을 것이다. 하지만, 질문이 우리나라 최고의 MC와 PD를 묻는 거라면 대부분의 사람들은 어렵지 않게 유재석과 나영석을 얘기할 것이다. 방송계에서 가장 성공한 이 두 사람의 회사는 일반적인 예상과는 전혀 다르게 대로변이나 상업지역에 있지 않고 주택가 안으로 들어가 위치해 있다.

 방송계 최정상에 있는 이 두 사람의 회사가 자금이 부족하지는 않을 텐데 접근성 좋은 대로변이나 가치 높은 오피스 빌딩 권역에 투자하지 않고 주변에 상가 하나 없는 주택가 안으로 들어가서 사옥을 소유하고 사용하는 것일까?

 그 이유는, 복잡한 곳보다 조용하고 쾌적한 지역을 더 선호해서이다!

나영석 소속 에그이즈커밍 사옥

유재석 소속 안테나 엔터테인먼트 사옥

역세권, 상권, 개발 호재와 같은 것은 누구나 알 수 있고 좋은 곳으로 믿고 있다. 전철역 바로 인접한 곳, 유동인구 많은 상권, 호재가 실행되면 좋아질 곳에 높은 가격으로 좋은 건물을 사는 것은 그냥 투자하는 것이지 분석에 의한 투자는 아니다. 내가 말하는 지역분석 투자의 베이스는 대중교통 접근성이나 정책 호재 기대감보다 우리가 투자하는 건물을 오피스로 사용하는 회사가 선호하는 점을 더 주의 깊게 보자는 것이다.

지역분석과 입지분석은 다른 것이다. 개별 입지분석이 해당 필지가 가지고 있는 내재가치를 분석하는 것이라면 지역분석은 동네가 가지고 있는 쾌적함의 환경들이 건물 수익에 어떻게 영향을 주게 되는지를 파악하는 것이다. 필지에 대해서는 온라인 자료 발급이나 공개되는 정보로 검토가 용이한 편인데, 동네의 가치를 파악해야 하는 지역분석은 정보나 자료로 판단하기에 모호하다. 그러다 보니 사람들은 지역 분석을 교통 호재나 개발 계획, 도시정책 등의 정보로 생각을 하게 되고 관련된 투자 정보 제안에 쉽게 현혹이 되곤 한다.

내가 말하는 지역분석은 이러한 개발 정보에 의한 지역 추천이 아님을 분명하게 말하고 더 나아가서 이러한 정보보다 안전하면서 수익적으로 더 똑똑한 방법임을 강조한다. 호재나 정책의 기대 효과를 보면서 투자를 하는 것이 모두 잘못되는 것은 아니지만 똑똑한 방식은 아니라는 것이고, 왜 그렇게 말할 수 있는지를 다른 부동산 책과 기사 등에서 투자를 추천했던 정보 몇 가지를 사례로 들어서 설명하겠다.

마포 당인리 발전소

어느 부동산 투자 책에서 "당인리 화력발전소를 2018년에 지하화하고 지상 공간은 2020년까지 문화발전소와 공원으로 개발한다. 특히 한강 변에 접해 있으며 홍대, 합정 등의 젊은 상권과의 연계성이 높아 마포구의 문화 랜드마크가 될만하다. 인근의 주택은 상권화가 될 가능성이 높으며 자연스럽게 그 보행로는 '당인리 길'과 같은 유명한 상권로가 될 것이다"라고 부동산 투자의 최적지로 한껏 부추기면서 도시계획과 정보공개를 공부하는 것이 좋은 투자라고 강조를 하는데, 이러한 투자 추천은 옳지 않다고 본다.

당인리 화력발전소 지하화 계획 공개 후 실제 공원화가 되는 데까지 너무나 오랜 시간이 걸렸고 정작 공원화 이후에도 투자자들이 기대했던 것보다는 공원의 파급력이 크게 미치지 못했기 때문이다. 한마디로 공원화 호재에 큰 기대를 하고 들어간 투자자들은 투자금 대비 상승효과나 기회비용의 측면에서 상당히 안타까운 투자 결과가 되었다.

종로 세운 상가

세운 재정비촉진지구로 지정되면서 많은 기대를 갖게 했던 촉진지구 계획은 오랜 기간 동안 표류되었다가 2012년에는 철거가 취소되게 된다. 그 이후 또다시 긴 시간이 흐르게 되고 그 이후 "다시세운 세운상가"라는 새로운 도시 재생 정책으로 어느 정도 재생이 되게는 된다. 그렇지만, 그 또한 주변에 큰 영향을 끼치지는 못했다. 공신력 있는 촉진지구 정책 호재를 믿고 일찌감치 들어간 투자자는 다른 지역 투자에 비해 이미 손해를 본 것이고 도시재생 정책에 들어간 투자 또한 기대했던 상승은 실현되지 못하고 있고 더 기다려봐야 하는 상황이다. 세운상가 주변이나 재개발된 구역 이외에는 여전히 낙후되어 있고 임대료 수익률은 최저 수준이다. 무엇보다도, 낙후되어 있던 곳에 도시재생이 실행된다고 하더라도 수혜 지역으로 포함될지 아니면 슬럼화 지역으로 남게 될지 정확히 알 수 없는 것이 이런 투자의 어려운 점이고 더 큰 문제는 잘못된 투자라고 인지하게 되었을 때 매각을 통해 탈출하는 것이 아주 어렵다는 것이다.

경리단길 등

경리단길, 해방촌, 송정동 지역에 유명한 연예인들이 투자를 했다는 기사가 많았던 적이 있었고 특히, 경리단길은 최고의 핫플레이스로 그 인기는 언제까지나 계속될 줄 알았다. 도로변과 골목길마다 유동인구가 넘쳐나던 그때 임대료는 상승하고 새로운 투자들은 유입되었지만 불과 몇 년이 더 지나면서 사람들은 다른 뜨는 곳으로 이동하고 상권은 급격히 쇠락하게 되었다. 해방촌 또한 경리단에서 확장된 유망한 투자지로 인기를 얻다가 동반 하락을 하게 되었다.

송정동은 성수동과 인접한 곳으로 고소영 씨가 건물을 매입하면서 많이 알려지게 되었고 저렴한 임대료 덕분에 예쁜 콘텐츠를 가진 카페가 몇 곳들이 보이면서 상권화 기대감 있는 좋은 투자지로 주목받게 되었다.

하지만 실제 현장을 가서 냉정하게 봤을 때, 상권이 확장되고 자리를 잡기까지 길게 보고 가기에는 상권의 힘이 부족해서 만족할 만한 상승을 기대하기는 힘들 것으로 보였다. 또한, 임대료 자체가 워낙 낮게 형성되어 있어서 큰 비용의 건축비를 투입해서 질 높은 건물을 공급 하더라도 수익률이 받쳐주지 못하는 상황이다.

이처럼 상권으로 흥행을 하거나 기대를 했다가 쇠락해지는 곳들이 적지 않기 때문에 상권 지역에 건물 투자를 할 때 가장 주의해야 할 점은 상권의 수명이다. 까다롭고 유행에 민감한 수요층과 그에 따라서 이동하는 자영업자들로 인해서 서울 상권의 흥망성쇠가 예전보다 빨라지고 있다. 더군다나, 유행처럼 흘러가는 상권은 단순히 볼거리를 찾아다니는 고객층들이 빠져나가고 난 다음에는 회복이 거의 어려워진다. 상권 투자는 미래 상권 확장으로 인한 상승 기대감으로 투자를 하는 것이다 보니 상승전에 들어가는 것은 매우 어렵고 상당수가 상승하고 있는 시기에 들어가게 되는데, 확장하던 상권이 정점을 지나고 축소되게 되면 내려가는 부동산 가격을 막아낼 방법이 없다.

투자의 기본은 높은 수익 실현인데 이보다 더 중요한 것이 실패하는 투자를 하면 안 되는 것이다. 투자할 지역을 선택하게 될 때, 여러 가지의 기준들이 있겠지만 그중 안전하면서도 투자 대비 수익률 좋은 투자 지역으로 "쾌적한 주택가 동네"를 추천한다.

이 책에서 오피스 임대 성공 사례로 소개하는 일반주거지역(신문로, 효자동, 신당동, 우면동 등)들은 쾌적하다는 공통점을 가지고 있으며 오랫동안 주택지로 이어오다가 최근 오피스나 근린생활시설로 변하고 있는 곳이다. 같은 행정동 내에서도 블록마다 분위기가 다른 곳이 많은데 도로변에서 들어가 이면 도로를 걸어 다녀보면 조용하고 깔끔하면서 끌리는 느낌을 주는 곳들이 있다. 이런 기분을 주는 곳은 그동안 살기에 좋은 곳이기에 좋은 주택가로 유지되어 왔었는데 앞서가는 회사들이 살기 좋은 곳에서 근무하는 것을 선호하게 된 것이다.

시대가 변하면서 상권도 변하고 개발 계획이나 정책들도 변하지만 오랜 시간이 지나도 쾌적한 동네를 선호하는 현상은 변하지는 않을 것이다. 그러한 주택가에 변화되는 것이 있다면 예전에는 주택들만 차지하고 있었던 곳이 이제는 예쁜 사옥으로 사용하는 디자인이나 광고 회사, 스튜디오, 갤러리 등의 다양한 업종들이 같이 들어와 있다는 것이다. 회사의 업종은 달라도 선택을 하게 되는 이유는 거의 같을 것인데 그것이 바로 쾌적함이다.

앞서 소개한 MC 유재석이나 PD 나영석 회사의 사례처럼, 조용하고 편안하면서 고급스러운 느낌을 선호하는 업종들이 이런 지역을 선호하고 그러한 유입으로 인해 동네의 가치는 올라가게 된다. 올라간 가치만큼 지불 능력 높은 업종들이 뒤따라 유입되면서 가치는 또 상승한다. 이러한 주택가의 변신은 이미 역삼동, 논현동, 청담동 등에서 진행되어 있었고, 또 한남동, 장충동, 신당동, 신문로, 효자동, 통의동, 우면동, 세곡동 등 여러 곳에서 일어나고 있다.

이 변화는 특정한 지역에 국한되거나 일시적 현상이 아니라 추세가 되어 있다. 그리고, 쾌적함을 중요시하는 수요자들의 특성이 반영되어서인지 다른 변화와는 달리 요란스럽지가 않아서 투자할 시간적 여력이 당분간은 남아 있다. 상권처럼 조금만 뜬다 하면 유명 연예인들 부동산 매입건을 성공사례로 여기저기 실어 나르는 기자들의 소재가 아니어서 참 다행이라 생각한다.

투자에서 중요한 것은 투입금 대비 수익 효과, 그리고 수익 회수 기간이다. 수익을 목적으로 하기 때문에 수익률이 중요할 것이고, 수익률이 높다 하더라도 너무 많은 기간이 소요되면 그만큼의 기회비용이 감해지기 때문에 회수 가능 기간도 적절해야 할 것이다. 언제 실행될지 모르고 기다려야 하는 깜깜이 정책 투자나 쇠락해진 이후에는 팔고 나오기가 어려워지는 휘발성 높은 상권 투자보다 지속성 있는 쾌적함이라는 지역 가치를 선택하는 것이 똑똑한 지역분석 투자의 핵심이고 그 결과는, 건물 투자의 수익과 안전 모두를 얻게 되는 것이다.

강북 주택가에서 강남 오피스권역 임대 수익을 실현해낸다

선호도의 기준이 쓸모 있는 것에서 매력적인 것으로 변하고 있다.
쓸모의 시대에서 전철역 거리, 도로의 너비 등 편의적 요건이 중시되었다면 지금은 건물과 지역이 가지고 있는 이미지나 분위기와 같은 매력적 요소가 중요해지고 있다.

우리는 잘못된 선입견을 가지고 있는 경우가 많다. 부동산 임대시장에서도 그러한 사례들은 흔히 존재하고 있으며 잘못 알고 있는 선입견이나 잘 알지 못해서 하게 되는 오판은 수익성과 자산 가치에 중대한 영향을 미친다.

'주택가에서는 주거 용도로 지어야 임대가 된다'라는 것은 잘못된 판단이고, '강북 오피스는 강남보다 저렴한 것이 당연하다'라는 것은 잘못된 선입견이다.

중소형 빌딩 규모의 근린생활시설 또는 다세대 주택 설계를 많이 하고 있는 학동역 인근 K 건축사사무소의 소장님이 중구 신당동에 있는 신축 부지를 설계하면서 나에게 자문을 구해 왔다. 내용은 '약수역 도로변에서 200m 들어가 있는 주택가에 근린생활시설 건물 총 5개 층 중 상층부 2개

중구 신당동 | 조감도와 임차사 완공 후 전경

층은 건축주가 직접 주택으로 사용할 계획인데, 1~3층의 용도를 어떻게 정하고 구성하면 좋을까?'였다.

건축주는 입지적으로 주택 용도로 해야지 임대가 되기는 하겠는데 '여러 세입자들 관리하기가 힘들 것 같아서 임대할 주택을 어떤 단위로 나누고 향후 관리해야 할지'와 '예상했던 예산보다 건축비가 너무 늘어날 것 같은데 주택 임대료로 기대했던 수익률이 나올 수 있을지'에 대한 걱정이었다.

나는 해당 물건지와 인근 지역을 답사하고서 가장 적합한 임대 기획과 예상 수익을 검토한 후 건축사 사무소에서 미팅을 가지게 되었고 건축주의 고정관념과는 전혀 다른 방향의 솔루션을 제공하였다. K 건축사사무소가 강남에 설계한 몇 곳의 건물 레퍼런스를 제시하면서 '이 정도 퀄리티의 건물 외관과 내부 공간을 가진 오피스 용도로 건축하시면, 1~3층을 묶어서 사옥처럼 사용하는 오피스 임대가 가능하겠고, 이때 임대료 수익은 주택 용도일 때보다 2배 가량 높게 예상되며 임차사가 한 곳만 있기 때문에 관리하기에 용이한 장점까지 가질 수 있습니다.'

그 미팅을 시작으로 건물의 설계를 건축주 가족분들이 사용할 주거공간과 사옥 용도로 임대할 사무공간으로 분리하면서 두 가지 용도에 두 가지 구성의 건물로 방향을 잡게 되었고, 이후 건물 완공 시점에 맞춰서 제안하고 기획했던 대로 1~3층 전체를 한 묶음으로 하는 사옥 방식으로 통임대하였으며, 임대 조건도 그 지역의 로컬중개 업체에서는 말도 안 된다고 했었던 강남지역 중소형 오피스 임대 시세에 준하는 금액으로 체결하였다.

본 사례가 성공적으로 실행된 데에는 세 가지의 중요한 포인트가 있다.

첫 번째, 오피스 임차 회사들이 선호하는 환경에 적합한 곳이다.

도로변에서 안쪽으로 꽤 들어가게 되는 주택가이기는 하지만 그 지역은 반듯반듯한 이면도로 구조와 개별 필지들이 큰 단위로 나누어져 있어서 쾌적한 동네 조건을 충족하고 있었다.

두 번째, 건축주의 현명하고 과감한 결정력이다.

건축주가 기존에는 당연히 주택 용도로 해야 한다는 고정관념을 가지고 있었지만, 신축 기획 컨설팅 제안을 현명하게 판단하면서 과감하게 오피스 용도로 전환하였고, 또한 사옥 임대에서 좋은 장점이 되는 주차공간을 늘리는 것과 각층마다 테라스를 구성하자는 제안을 수용하였다.

세 번째, 신축 컨설팅 정확성과 임대 실행 능력이다.

바로 인근에 있는 임차사들은 새로 지어진 신축 건물이 좋다 하더라도 2배에 가까운 임대료를 지불하면서 이전하기는 쉽지 않기 때문에 평균 임대료가 높은 강남권과 도심권 오피스 지역을 주요하게 타겟팅 하였고 '쾌적한 환경, 효율적인 공간 활용, 고급스러운 이미지의 사옥'이라는 장점을 강조하면서 임대 홍보를 한 것이다. 그 결과, 광화문역 오래된 대형 빌딩에 오랜 기간 있다가 깨끗한 건물 컨디션과 자유로운 분위기의 사옥으로 이전하고 싶어 하던 광고 회사를 유치하게 되었다. 임대차 체결 시 임대인과 임차 회사 양측 모두 매우 만족하는 계약으로 진행이 되었고, 그것은 쾌적한 환경과 건축주의 결정, 그리고 임대 실행력이 조화된 결과였다.

이와 같은 사례는 신당동뿐만이 아니라 종로구 효자동, 내수동, 중구 장충동, 마포구 아현동 등 여러 곳에서 일어나고 있다. 동 이름만 들어서는 사옥 용도로는 적합하지 않다고 생각이 될 텐데 그것은 부적합해서이기보다는 고정관념 문제였을 경우가 더 많다. 그동안 이러한 수요가 없었던 것

종로구 효자동 | 쾌적한 주택가에 쾌적한 오피스 사옥

이 아니라 사용 가치가 달라질 수 있는 오피스 임차 회사에 적합한 건물을 공급하는 시도가 없었기 때문에 몰랐던 것이다.

쾌적한 주변 환경에 사옥으로 사용하기 적합한 구조와 편의성을 갖춘 건물이라면 오피스로 사용하고자 하는 회사는 늘 존재하고, 그 건물의 공간 활용도와 퀄리티까지 높다면 그 지역의 평균 임대료에 제한되지 않고 건물의 사용 가치만큼 더 높여서 지불하는 임차 회사를 유치할 수 있다.

이러한 지역분석에 의한 투자는 아무런 맥락 없이 주택가에 오피스를 넣는다가 아니라 회사들이 선호하는 지역적 장점을 가지고 있는지 파악하는 것이 중요하고, 건물 투자 방법 중 상대적으로 적은 비용에 위험성도 낮은데 임대 수익은 높게 만들 수 있다는 점이 분명하다는 것이다.

신당동에는 앞서 소개한 광고 회사가 입주한 후 바로 인근에 오래된 다가구 주택을 소유하고 있던 건물주도 나에게 신축 컨설팅 의뢰를 해왔고, 직접 확인한 성공 사례를 따라 현재 오피스 용도의 건물을 신축하고 있다. 아주 오랜 시간 동안 조용한 주택가였던 그곳이 또 다른 느낌의 쾌적하고 고급스러운 블록으로 진화하면서 더 나은 가치로 활용되기를 기대해 본다.

서초 전원주택 사옥,
현명한 전략이 모이면 지역 가치가 달라진다

지역분석이란 지역별 차이를 인지하는 것과 그 지역에서 낼 수 있는 최유효 가치를 실현시키는 것, 이 두 가지 모두 필요하다.

우리가 알고 있는 강남(강남구 및 서초구)의 경계는 어디까지일까? 북쪽으로는 한강이 자리 잡고 있어서 명확한데 남쪽은 그린벨트 구역이 넓게 있어서 경계를 구분하기 쉽지 않지만 대략 성남이나 과천과 맞대고 있는 정도로 생각하면 된다. 화려하고 복잡한 강남 서초의 이미지와는 달리 남쪽 하단부는 자연녹지지역에 해당되고 집단취락지구로 지정되어 있어서 대부분은 녹지이고 일부 단독주택지로 형성되어 있는데, 건물 투자하는 사람으로서 경계가 어디인지보다 임대수익이 높은 오피스 수요가 그곳까지도 갈 수 있느냐에 대해서 이야기해보고자 한다.

서초구 남서쪽에 있는 우면동에서도 가장 끝자락에 "식유촌 마을"이라는 곳이 있는데 수 백년 전에 최씨 집성촌이었던 이곳은 수년 전까지도 조용한 마을로 지내왔었다. 표현을 하자면 전원주택 마을이라고 하겠지만 아주 소박한 느낌의 주택들이 모여 있는 곳이라 생각하면 되겠다.

내가 운영하는 회사에서 이곳을 답사했을 때 서초구라는 지역적 가치가 반영되지 못하고 있는 것에 아쉬움이 컸었는데, 그 마을 C 대표님을 만나게 되면서 다행히도 큰 변화의 시작점을 만들 수 있게 되었다. 그분 또한 서초구임에도 불구하고 가치를 활용하지 못하고 있는 것에 대해서 늘 아쉬워 해왔었고 그곳이 상권까지는 아니더라도 사무실 용도까지는 가능하지 않을까 상상만 하면서 지금의 가치를 넘어서는 토지 활용으로 변화되기를 바라왔다고 하셨다.

주택만 있던 곳에 사무실 용도를 넣기 위해서는 수요자에게 적합한 건물이 존재해야 하고 임대 전략이 필요했으며 무엇보다도 실현될 수 있다는 확신과 실행력이 있어야 했는데 그 지역에서는 첫 시도였기 때문에 매우 신중해야만 했다. 이에, 충분한 지역분석과 면밀한 임대 전략을 세운 후 오래된 주택들로만 침체되어 있던 식유촌 마을에 전원 오피스 사옥 임대 도전이 시작되었고 첫 번째 프로젝트의 결과는 아주 성공적이었다.

단독주택이었던 건물을 대수선 허가를 통해 증축과 개축을 하고 용도변경하면서 연면적 250평의 오피스 사옥 전용 건물로 탄생시켰다. 첫 임차 회사로 소프트웨어 개발 사업을 하는 IT 회사를 유치하였고 지금은 보증금 2억 5천만 원, 월 임대료 1천7백만 원의 통 사옥으로 임대하고 있다.

이 임대차를 기점으로 두 번째 오피스 사옥으로 용도전환한 맞은편 건물에는 웹 디자인 회사가 입주하게 되었다. 조용했던 서초구 시골 동네에 이와 같은 사옥 붐이 일게 되면서 개인 작업실로 사용하고 있었던 노출 콘

①	
②	③
	④

❶ 기존의 식유촌 마을 모습
❷ 전원 오피스 전환 후 전경
❸, ❹ 전원 오피스 사옥 사무실 풍경 2차, 3차 프로젝트(개별 소유주), ⓒ 네이버지도

매력있는 전원주택을 독창적인 독채 사옥으로 전환

크리트 주택은 이건창호 전시장 및 사무소로 전체 임대를 할 수 있게 되었고 그 이후에 건축사가 매입해서 지금은 설계사무소 사옥으로 직접 사용하고 있다.

또한, 이 동네에는 저명한 공예 예술가가 쓰시던 독창적 매력의 전원주택이 있었는데 그동안 주택으로만 임대를 해오다가 이미 실행된 사례를 근거로 제시하는 나의 제안을 믿고서 사무실 용도로 임대 전환하는 것에 동의를 하셨다. 이후 이곳은 인테리어 사업을 하는 회사에서 갤러리 같은 내부 분위기와 고급스럽게 관리된 정원이 본인들 사업에 도움이 될 수 있기에 매우 만족하면서 임대 계약을 체결하고 사옥으로 쓰게 되었다.

위 사례 외에도 마을로 들어오는 입구 쪽에는 국가 간 특허 등록 법인과 심리교육센터, 줄기세포 화장품 회사가 있으며, 길 건너 대로변에는 매우 특이하게 건물의 전면은 주유소로 되어 있고 뒤 이면 도로 쪽에 별채로 분리되어 있는 상층부는 영상 콘텐츠 디자인 회사에서 사옥으로 임대하여 사용하고 있다. 결과적으로, 20채 조금 넘는 주택이 있던 마을이 지금은 10동의 건물을 오피스 사옥으로 임대하고 있고 여전히 주택으로 거주하고 계신 분들도 이러한 지역 활성화를 모두 반기고 있다.

이곳은 오래된 주택 마을이 모던한 오피스 사옥촌으로 변신하게 되면서 지역 가치 상승의 성공적 사례로 손꼽히고 이와 같은 변화는 강남구의 끝자락 자연녹지 지구인 자곡동, 세곡동에서도 진행되고 있다. 기존에 사용해오던 것에만 갇혀 있지 말고 변화를 원하는 실행 의지로 수요자가 원하는 공간을 제공할 수 있을 때, 건물의 수익은 사용 용도에 따라 상승할 수 있고 그러한 변화들이 모이면 지역의 가치까지 성장하게 되는 것이다.

5장

입지분석_
할 때 중요한 것은
토지의 경사와 방향

건축법을 이기는 토지는
앞 건물보다 더 높게 더 넓게 만든다

부동산의 가치는 토지가 발휘할 수 있는 능력에 한정되고,
입지분석은 토지에 숨겨진 능력을 미리 파악해 내는 것이다.

최근에는 건물 매입을 준비하면서 심도 있게 부동산 투자 공부를 하는 사람들이 꽤 많다. 내게 의뢰해 온 L 대표님은 30년 가까이 운영한 회사를 매각하면서 얻게 된 자금으로 건물 투자 계획을 세운 후 여러 권의 부동산 투자책을 읽고 아드님과 함께 유튜브나 부동산 카페 등에서 정보를 얻는 등 많은 노력을 하고 있었다.

    내가 이분과 미팅을 하면서 느끼게 된 점은 건물 투자를 계획하는 보통의 분들보다는 분명 많이 알고 있다는 것과 그렇게 많은 공부를 하셨음에도 불구하고 알고 있는 범위가 제한적이었다는 것이다. 그중에서도, 토지가 위치해 있는 경사와 방향에 따라서 부동산의 가치가 크게 차이 날 수 있는 입지분석에 대해서는 전혀 모르고 있었는데 그도 그럴 듯이 대부분의

책이나 부동산 카페, 유튜브에서 전문가라고 하는 분들을 보면 건축법에 있는 용적률과 건폐율을 설명하거나 토지에 적용되는 제한 사항들의 설명만 있지, 어떤 조건의 토지가 제한을 적게 받아서 건물 면적에 이득이 될 수 있고 또는 제한을 많이 받아서 손해가 되는지에 대한 차이를 설명하는 곳이 없기 때문이다.

빌딩 투자 관련 책들을 보면 어디나 할 것 없이 꼭 들어가는 내용이 있는데 바로 법정 용적률과 건폐율의 수치가 나열된 표이다. 토지에서 건축할 수 있는 건물의 넓이와 높이를 제한하는 수치이기 때문에 기본적으로 필요한 것은 맞지만 제한을 알기만 하는 것이 아니라 활용하는 방법을 아는 것이 더 중요하다. 토지 위 건물에 실제 활용할 수 있는 수치의 차이를 아는 것이고 그것을 미리 파악하는 것이 수익의 차이를 만든다. 그렇다면, 어떻게 활용함으로써 추가적인 이득을 만들어 낼 수 있는지에 대해서 설명해 보겠다.

첫 번째, 도심의 지하는 금광과 같은 것이기에 지하의 가치를 캐내라! 건물을 지을 때 지하 공간은 용적률과 건폐율에 제한을 받지 않는 면책 특권이 있다.

건물에 임대 가능한 공간을 더 만들수록 이득이 되는데 면적 확보에 있어서 경사지에 위치해 있는 땅이 평지에 있는 것보다 숨은 가치가 높다. 경사지에 지하 1층은 현황상 1층으로 노출되어 있기 때문에 용적률에는 적용받지 않으면서 1층의 효과를 누릴 수 있고, 한 개 층을 더 파게 되면 지하 2층이 되면서 평지에 건축물보다 더 많은 임대 면적이 확보되기 때문이다. 경사지 효과는 그래도 알려져 있는 편인데 이보다 더 숨겨져 있는

건폐율 적용 없는 지하 1층이 노출된 건물

1층부터 건폐율이 적용되어 있는 건물

잠재된 가치는 지하층의 건폐율이다.

  지하에서는 용적률처럼 건폐율도 제한을 받지 않기 때문에 내 필지 안에서 앞으로, 옆으로 최대한 넓게 파낼 수 있고 그만큼의 바닥 면적이 늘어나면서 임대료도 늘어난다. 그렇게 하려면 설계를 할 때 지하 공간을 가급적 많이 확보하도록 설계하는 것이 좋은데 건축사마다 지하층을 풀어내는 방식에 차이가 있어서 신축을 계획한다면 건축사를 선정하기 전에 이 점에 대해서 충분히 확인해 보는 것이 중요하다.

  위 사진 경사지의 경우에는 지하 1층이 지상 1층처럼 밖으로 노출이 되어있고, 지하는 건폐율의 적용을 받지 않기 때문에 대지의 대부분을 건물로 채울 수가 있다. 아래 사진은 평지에 위치해 있으므로 1층부터 건폐율 제한을 받게 되면서 두 건물의 규모감 차이를 만들게 된다. 같은 대지면적이라 하더라도 건폐율 활용 능력에 따라서 전혀 다른 건물 크기의 느낌을 주게 되는데, 건물 전체를 사옥으로 활용하는 임차인이나 매수인이 건물을 볼 때 규모감 좋은 건물을 상대적으로 높이 평가하게 되고 이러한 차이는 곧 건물의 가치를 높이는 효과가 된다.

두 번째, 층고를 높이면 수익도 높아진다! 용적률과 건폐율은 바닥의 넓이를 제한하지만 높이는 제한하지 않는다.

  이것은 지하에도 해당하고 지상층도 해당하는 공식이다. 지하층의 경우를 먼저 설명하자면 '지상에는 일조권 때문에 높이 제한이 있지만 지하에는 깊이 제한이 없고, 깊어지는 길이는 곧 지하층의 높이가 된다는 것'이 중요한 포인트이다. 지하층에 들어오는 업종은 지상층과 조금은 다르다.

(위) 피트니스 센터 ⓒ Pixabay
(아래) 실내 야구장 ⓒ The Ball Park

예전에는 스튜디오 관련 업종이 대다수였지만 지금은 종류가 정말 다양해졌다.

특히, 스포츠 관련 업종이 아주 많이 증가했는데 스크린골프를 시작으로 해서 요즘은 실내테니스장이 유행처럼 번지고 있으며 스크린 야구, 농구 아카데미, 그리고 암벽 타기인 실내 클라이밍 등 그 종류는 매우 다양해져 있다. 이외에도 지하를 선호하는 업종들 대부분이 더 높은 층고를 원하고 있고 지하층 임대 결정을 할 때 층고를 중요한 판단 기준으로 삼고 있어서 높이의 차이는 임대료에 그대로 반영이 된다. 이 설명을 통해 면적 수치만 수익화되는 것이 아니라 높이 수치도 수익화될 수 있다는 점을 강조하고 싶다.

세 번째, 최대 용적률만 보지 말고 건폐율에 주목하라! 좋은 3종은 2종보다 월등하고 나쁜 3종은 2종보다 불리하다.

사람들은 건축법이나 시 조례에 적혀 있는 최대 용적률 수치를 믿는 경향이 있고, 땅의 가치를 법정 용적률 기준으로만 판단하고 있다. 중소형 빌딩 거의 대부분이 위치하고 있는 일반주거지역 1, 2, 3종 용적률을 보면 각각 150, 200, 250%까지 가능하다고 되어 있지만, 실제 건물을 신축할 때 용적률의 상한선까지 가지 못하는 경우가 많다는 것에 주의해야 한다. 대지의 입지에 따라서 일조권 사선제한을 심하게 받는 경우에는 법적으로는 250%까지 가능한 3종에 있는 토지가 2종의 200%보다 못한 경우가 발생하기 때문에 면밀하게 확인해야 하는 것이다.

또, 중요하게 봐야 할 것이 건폐율에 따라서 각 층에 사용할 수 있는 전용면적이다. 건축법의 취지가 3종에서는 250%까지 높게 지을 수 있게 해주지만 대신 좁게 지으라는 것이다 보니 1종과 2종은 건폐율 제한이 60%인데 3종은 그보다 적은 50%까지만 가능하다.

예를 들어, 대지의 크기가 같은 100평일 때 2종은 한 개 층 바닥을 60평까지 만들 수 있는데, 3종은 50평을 넘을 수 없는 것이다. 건물의 코어 부분이 되는 계단, 화장실, 승강기 등이 차지하는 공용공간을 제외한 면적을 전용면적이라 하는데, 한 개 층 공용공간에 15평이 소요된다고 하면 2종의 전용면적이 45평이 되고 3종은 35평이 되는 결과가 된다. 사무실이나 상업시설의 내부 배치를 준비하면서 공간 구성을 해보면 각 층 전용면적의 크기가 중요하다는 것을 실감할 수 있다.

선릉역 대형 빌딩에 있던 C라는 IT 회사는 건물 전체 사옥 임대로 이전하기 위해서 여러 곳을 알아보다가 최종 후보 두 곳을 남기게 되었는데 두 건물이 2종과 3종 일반주거지역으로 다르게 위치해 있었다. 그 회사는 책상 배치와 회의실 등의 배치가 얼마나 가능한지 미리 확인하기 위해서 두 건물의 도면을 받아 인테리어 회사에 레이아웃 요청을 했는데 건물 전체 연면적은 3종에 있는 건물이 더 컸지만 실제 배치할 수 있는 책상 자리와 회의실 등의 공간은 2종에 위치한 건물이 더 넓다는 결과가 나왔다. 건폐율이 적다 보니 실면적 전용률이 낮아지면서 생기게 된 일인데 위치적으로나 전체 규모 면에서 3종이 2종보다 더 좋은 땅인 것은 분명하지만 토지 규모가 작은 편에 속하면 공용면적 대비 전용면적 활용도가 떨어지기 때문에 3종에 있는 부동산은 이 점을 반영하면서 검토해야 할 것이다.

요약하면, 용적률과 건폐율의 상한은 미리 정해져 있고 그에 따라서 부동산 시세도 형성되어 있지만 입지의 특성과 활용도에 따라서 실제 가치는 달라질 수 있다는 것이다. 이 내용들은 유튜브나 부동산 카페에 있는 정보만으로 알기 어려운 것들이기에 이 책 입지분석 편을 통해서 숨어 있던 이득은 알아보고 손해는 분별할 수 있게 되기를 바란다.

전면을 넘어서는 막다른 길,
남향을 능가하는 북향이 입지분석이다

입지분석은 안으로 숨어 있는 토지, 잘 보이는 코너 토지, 안 좋은 줄 알았던 북향 토지의 가치를 수익적으로 파악해 내는 것이다.

① 막다른 길, 숨어 있는 토지의 숨은 가치

　부동산을 싸게 사기 위해서 저렴한 매물을 보러 다니다 보면 단점이나 결함이 있는 물건들을 만나게 되고 여러 가지 단점 중에 한 종류가 막다른 길 안에 있는 토지이다. 이렇게 안쪽으로 들어가 있는 토지를 자루형 토지라 정의하고 있고 올바른 정의는 아니지만 보편적으로 사도 부지라 하기도 한다. 입지의 특성상 안쪽에 들어가 있어서 가시성이 좋지 않고 일조권 제한을 많이 받을 수 있으며 통행에 불편함이 있게 된다. 그러한 단점이 있다 보니 이면 도로에 바로 접해 있는 토지에 비해 훨씬 저렴한 가격으로 시장에 내놓게 된다. 저렴하게 사는 만큼 실제 가치도 낮다면 숨은 가치라 할 수 없겠지만 가격은 저렴하게 사고 단점은 극복이 된다면 꽤 다른 차익을 실현할 수 있게 된다.

논현동 강남구청역 블록 안쪽에 사도로 부지 연장된 곳에 오피스 사옥 건물이 하나 있다. 이곳 진입로 앞을 지나다 보면 누구나 한 번 골목 안쪽을 쳐다보게 된다. 골목 입구가 녹슨 철 외장재로 벽면이 되어 있고 바닥에는 노출 시멘트와 자갈들이 자연스럽게 자리 잡고 있는데 요즘 많은 사람들이 선호하는 걷고 싶은 골목길 느낌이 든다.

이 골목길을 따라 들어가면 입구부터 있었던 녹슨 철 외장재로 건물 전체가 마감되어 있는 매우 감각적인 오피스 사옥이 눈에 들어오는데 좁은 골목길 안으로 들어와 있다 보니 더 웅장해 보이는 느낌이다. 노출 콘크리트와 철재 외장재로 센스 넘치게 구성된 외관과 함께 1층은 전체가 필로티 주차장으로 되어 있어서 오피스로 사용하는 편의성도 좋다.

안쪽에 있어서 답답하다기보다는 고요하고 씨크릿함이 더 기분 좋게 와 닿는 이 사옥에서 근무하는 구성원들은 이 골목을 지날 때마다 숲속으로 들어가는 느낌을 받으며 회사로 들어갈 것이다.

이런 콘셉트를 가진 건물은 층별로 개별 임대하는 것보다는 전체를 한 회사가 사용하게 할 때 더 나은 가치를 발휘하게 된다. 진입로 입구에 회사 CI를 표시해서 사옥이라는 것을 알릴 수 있고 유니크한 콘셉트가 회사의 좋은 이미지로 인식될 수 있기 때문이다.

느낌 좋은 이 건물의 임대료 시세는 이면 도로에 바로 접해 있으면서 퀄리티 있는 건물과 동일한 수준으로 받고 있으며 이와 같은 투자 사례는 조금씩 늘고 있다. 낮은 금액으로 사서, 콘셉트와 이미지로 입지의 단점을 극복함으로써 높은 가치로 전환하게 되는 훌륭한 발상 전환 투자 방식이다.

논현동과 신사동 건물 | 막다른 길 토지에 있는 반전 매력

② **코너 토지의 장점**

우리는 보통 코너에 있는 땅을 선호한다. 그런데, 왜 선호하는지, 어떠한 것이 장점인지 정확하게 잘 알지 못한다. 대개 코너의 토지는 한 면을 접한 토지보다 더 높은 가치를 지불하게 되는데 무엇이 어떻게 좋은지를 알고서 선택해야 하겠다.

중소형 빌딩 대부분의 필지는 4면 중에서 한쪽 면을 도로로 접하고 있는데 두 면의 도로를 이어지게 접해 있는 필지를 우리는 코너 토지라 한다. 두 면을 접해 있기 때문에 먼저 가지게 되는 장점이 잘 보인다는 것이다. 길에 다니는 사람들이 건물을 보게 될 때 건물의 두 면이 보이기 때문에 눈에 잘 띄기도 하고 더 규모감 있게 보이게 되는데 이러한 것을 가시성이 좋다고 표현한다. 또한, 건물 안에 있는 사람이 바깥을 보게 될 때도 건물의 두 면이 도로 쪽으로 개방되어 있기 때문에, 넓게 트여 보이게 되면서 채광도 좋아지게 되는데 이러한 것을 개방감이 좋다고 말한다.

이렇게 밖에서 건물이 잘 보이고 안에서 바깥이 잘 보이는 장점도 있지만, 특히 신축하게 되는 경우 설계하게 될 때 코너의 장점을 더 느낄 수가 있다. 우리는 평상시에 중소형 빌딩 주차장 위치와 주차라인을 별생각 없이 보는데 그 내막은 매우 까다로운 법 규정 내에서 건물의 배치와 규정에 맞도록 위치를 잡고 라인을 그린 것이다.

앞 도로 넓이에 따라서 주차선 경계가 제한되기도 하고, 앞뒤로 차를 빼줘야 하는 라인은 2대까지만 가능하며 서로 마주 보는 주차를 할 때는 확보해야 하는 거리 기준이 있는 등 여러 규정들이 있다.

주차장 배치와 차량 진출입 동선은 건물을 지탱하게 되는 기둥들, 건물주 출입구와 코어의 위치를 고려하면서 정해야 하는데 한쪽 도로만 접해 있는 토지는 주차 방향과 동선 선택이 제한적이기 때문에 설계안이 다양하기 어렵고 반면 두 면을 접해 있는 토지는 주차장 배치 선택에 있어서 자유로우며 건물의 외곽 면을 주차장으로 사용할 수도 있다.

그래서, 코너 토지는 건물 형태를 구상할 때 다양한 모델로 설계안을 도출할 수 있게 되면서 외관의 완성도와 사용 편의성을 높이기 용이한 이점을 가지고 있다.

이외에도, 일조권을 덜 받게 되는 방향으로 건물을 배치함으로써 높이를 높일 수 있는 중요한 장점도 있고 건물에서 밖을 볼 때 두 방향 중에서 더 나은 전망 쪽으로 창을 낼 수 있는 조망 선택권까지 주어진다.

광고 가시성에 효과적인 상가 코너 건물

주차 편의성에 효과적인 오피스 코너 건물

③ 남향과 북향의 가치 차이

여러분들은 남쪽을 보고 있는 남향 토지에 있는 건물과 북쪽을 보게 되는 북향 토지 건물 중에서 어디를 선택하겠는가?

사람들은 전통적으로 남향 주택을 선호해왔다. 남향 주택은 남쪽에서 대문을 열고 들어가 정원을 지나서 주택이 나오는 배치가 되며, 집에서 남쪽을 바라보면 정원이 보이고 그 너머로 대문이 보이게 된다. 그 배치가 성립되려면 남쪽에서 들어와야 하기 때문에 좋은 주택지들은 남쪽에 도로를 접하고 있고 이러한 점이 반영되어서 1970년대 강남 개발 시대에 정부가 단독주택 필지를 분양할 때도 북쪽 도로 쪽보다 남쪽 도로를 접한 남향 필지를 더 높은 가격으로 책정하였다.

그 후 많은 시간이 흘러서 그 단독주택들이 근린생활시설 건물로 신축 개발을 하다 보니 그때는 생각하지 못했던 사실을 알게 되는데 그것은 일조권이라는 강력한 규제 적용으로 인해 필지 방향에 따라서 건물의 높이가 차이 나게 되는 것이었다. 단독주택은 대부분 지상 2층으로 지어서 일조권 사선에 닿지 않다 보니 그 위로 제한받고 있는 일조권은 알 필요가 없었다가 다가구 주택 또는 근린 생활 건물로 신축하게 되면서 4층부터 사선에 걸리게 된다는 것을 깨닫게 되고 일조권에 대한 이해가 생기기는 했지만, 이제 와서 보니 남향 토지보다 북쪽 도로를 접하는 필지가 더 우월한 곳이었다는 반전이 놀라운 것이다.

지도를 보면, 남향의 16번지는 북쪽으로 12번지 토지를 접하고 있고 건물이 높아지면 그 그림자가 12번지 토지를 바로 침범하게 되기 때문에 정해진 일조사선 만큼 건물의 높이는 제한된다. 반면 북향의 12번지는 북쪽

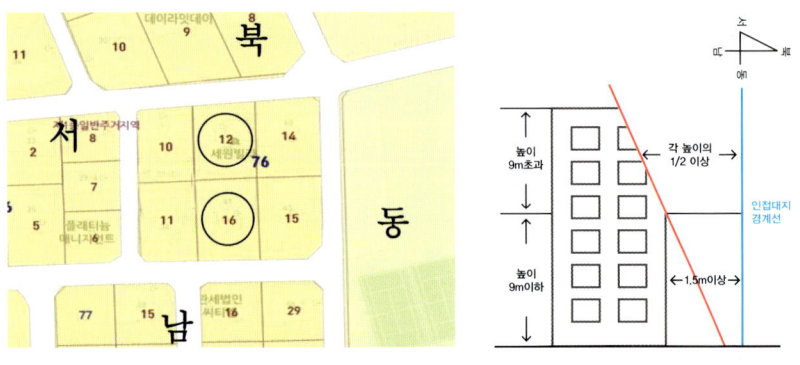

남향의 16번지, 북향의 12번지 필지 ⓒ 네이버지도   남향과 북향 필지의 일조권 사선 측면도

으로 도로를 접하고 있고, 일조권은 집 또는 건물 안에서 사람이 햇볕을 받을 수 있도록 보호해 주는 법으로써 도로에는 적용하지 않기 때문에 그림자 제한을 받지 않는 도로의 폭만큼 건물을 높일 수 있는 상당한 이점을 갖게 된다.

허용 높이가 늘어나면 층수나 내부 층고를 더 올릴 수 있게 되므로 사용 공간과 규모감이 커지면서 건물의 가치를 증가시킨다. 높은 층고에서는 다양한 용도로 활용이 가능하기 때문에 임차할 수 있는 업종의 수는 많아지고 사용자의 가치가 늘면서 더 높은 임대료 책정이 가능해지게 된다.

접한 도로의 방향에 따라서 높이 제한이 달라지고, 건물을 더 높일 수 있다는 이점은 곧 수익을 더 높일 수 있다는 것과 같은 말이 되는 것이다.

토지의 경사와 방향에 눈을 뜨면
새로운 수익 세계가 시작된다

부동산과 주식 투자의 고수는 미래 가치를 읽어낸다. 잠재된 가치대비 저평가된 토지를 알아보는 것은 매입하는 순간 장래의 차익을 얻는 것이고, 이 차익은 순전히 입지분석에서 온다.

탤런트 한예슬 씨 강남 논현동 부동산 투자 성공 기사에는 이렇게 쓰여 있다.

"경사길에 위치한 건물은 고수의 투자종목이라고 불린다. 일반적으로 경사길 옆의 빌딩은 1층이 가려져 꺼리는 이들이 많다. 그러나, 이 같은 빌딩은 절반 이상 묻혀 있는 층을 지하층으로 인정하고 지하층은 현행법상 건물의 연면적을 제한하는 용적률에 포함되지 않는다. 즉, 신축 시 평지에 있는 건물보다 넓게 지을 수 있는 것이다" – 스카이데일리 정동현 기자

해당 연예인은 건물을 매입한 뒤 신축을 하지 않았기 때문에 특별하게 지하 경사지의 장점을 이용해서 임대 수익을 올리지는 않았다. 그렇지만,

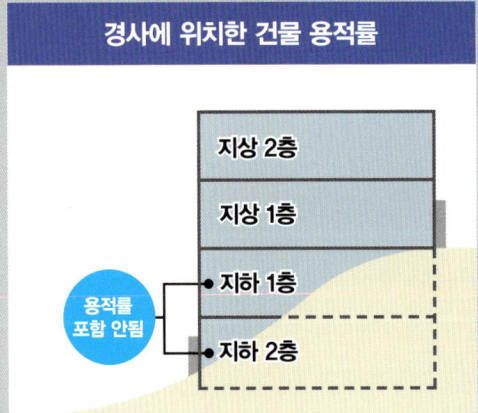

경사에 위치한 건물 용적률

지상 2층
지상 1층
지하 1층 — 용적률 포함 안됨
지하 2층

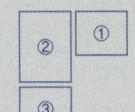

❶ 매입 전 경사 상태
❷ 매입 후 경사지 활용 신축
❸ 경사지 활용 이론

매수인이 신축을 하게 될 때 얻게 될 지하 경사지의 가치까지 반영된 금액으로 건물을 샀기 때문에 해당 기자가 기사에 관련된 내용을 넣게 된 것이다. 토지의 활용도에 따라서 지하 가치 비중은 커지게 되는데, 이때 경사지는 어떤 효과를 줄 수 있는지에 대해 살펴보겠다.

우리가 말하는 건물은 건물과 토지를 합쳐서 부르는 개념이고 도심의 중심지로 들어올수록 부동산 전체 가격에서 토지 가치 비중이 훨씬 높아진다. 하지만, 건축비는 도심이든 외곽이든 다르지 않다. 철근이나 시멘트를 도시 외곽 현장에는 싸게, 도심 현장에는 비싸게 팔 수는 없기 때문이다. 다만, 실제 건축비의 차이는 있게 되는데 이는 도심권은 높은 임대료 수준에 맞게 고급 자재를 사용하고 외곽은 임대료가 낮기 때문에 상대적으로 저렴한 내외장재를 선택하게 되는 것이다.

동일 기준에 건축비는 같지만, 토지 가격은 지역에 따라 매우 큰 차이가 나기 때문에 토지의 활용도 또한 위치와 지역에 맞춰서 달라진다. 도심이 아닌 외곽지역을 가보면 지하층은 만들지 않고 지상으로만 지어진 건물들이 대부분이며 일부는 지상층에 용적률도 다 사용하지 않기도 한다. 투자하는 건축공사비만큼 임대 수익이 나오지 않거나 임대가 되지 않아 장기 공실로 있게 되면 유지 관리 비용만 더 들기 때문이다. 반면 도심권에서는 기본적으로 용적률을 최대로 활용하여 건축하며 오피스 중심권역의 경우에는 더 높은 수익 실현을 위해서 지상층은 물론이고 지하 부분도 더 깊게 들어가 임대 면적을 늘리면서 신축하고 있다.

토지 활용도가 높은 지역일수록 면적 추가 확보가 중요해지고 이때 경사지라는 입지 요건이 면적 증가에 큰 활약을 하게 된다. 경사져 있는 곳의 건물 1층은 현황상 지상이지만 건축물대장상으로는 지하이기 때문에 용적률 제한을 받지 않으면서 한 개 층을 확보할 수 있고, 실제 지하로 한 개 층 더 파서 내려가면 그 공간은 지하 2층이 되면서 총 두 개 층을 용적률과 무관하게 확보할 수 있게 된다.

예를 들어, 용적률 200% 2종 일반주거지역 평지에서 지하 한 개 층을 파내고 신축했을 때 지하 1층~지상 5층의 총 6개 층 건물이 되고, 경사지에서는 눈으로 보이는 현황상 1층 밑으로 지하 한 개 층을 파내고 신축하면 지하 2층~지상 5층의 총 7개 층 건물이 되면서 1개 층이 더해지는 결과가 된다.

경사지의 숨은 가치를 확인해 볼 수 있는 좋은 사례가 있다. 6m 도로를 사이에 두고 마주 보고 있는 평지와 경사지를 각각 개발했는데 두 토지의 가치가 어떻게 차이 나는지 확인해보자.

	용도지역	건축년도	토지면적	용적률	용적률 산정 면적	건물 연면적	용적률 비산정 면적	주차
평지	1종일반	2017	296.5	149.89	444.42	649.19	204.77	6대
경사지	1종일반	2017	297.5	149.94	446.06	820.49	374.43	6대
평지vs 경사지 차이	–	–	0.3평	0.05%	0.5평	51평 증가	51평 증가	–

대지 경사도에 따른 신축 건물 항목별 현황 비교표

ⓒ 네이버지도

ⓒ 네이버지도

평지 신축개발 A 건물

경사지 신축개발 B 건물

Ⅱ. 더 남는 선택법

두 토지는 같은 1종 일반주거지역에 있어서 용적률도 동일하게 적용받고 대지의 크기도 거의 일치하며 신축한 연도까지 같은데 위 표를 보면 신축 후 건축물 면적에서 확실한 차이가 있음을 알 수 있다.

여러 가지 이유로 생각할 수 있겠지만 A와 B 건물의 면적 차이는 온전히 경사지에서 온 것이다. 경사지에 위치한 B 건물은 공부상 지하 1층이자 현황상 1층인 한 개 층을 더 얻을 수 있었기 때문이고 이때, 한 개 층을 더 얻기 위해서 투입되는 건축 비용과 그에 따른 증가 가치는 얼마나 되는지를 산출해 보겠다.

	임대료	수익률 환원법	환산 가치
예시	월 1백만 원	년 1천2백만 원 ÷ 3.4% = 3억 5천2백만 원	약 3억 5천만 원
현황상 1층 (50평)	월 750만 원	년 9천만 원 ÷ 3.4% = 26억 4천7백만 원 한 개 층(실50평)에 대한 시공 + 토목 공사 증가비 = 약 6억 8천만 원	약 26억 4천만 원 − 6억 8천만 원 = 19억 6천만 원

임대료 수익 환원법 계산 예시와 한 개 층 증가 시 실제 자산 가치 산출표

자산 가치 산정 방식 중에서 수익환원법은 임대료를 기대수익률로 나누어서 산출하는 방식을 말한다. 월 임대료 1백만 원이 나온다면 연 임대료 1천2백만 원으로 전환한 다음 기대수익률(자본 환원율) 3.4%로 나누어서 나오는 가액을 자산의 가치로 보는 것이다. 그 방식을 적용해서 강남구 논현동에 약 50평의 한 개 층이 추가되었을 때 산출되는 가치는 약 26억 4천만 원이 되며 공사비 증가분 약 6억 8천만 원을 공제한 후 순 자산 증가분은 약 19억 6천만 원이 된다.

강남구 논현동 90평 토지 기준으로 경사 차이에 숨어 있는 개발 후 가치는 놀랍게도 20억 원이나 되는 것을 실제 건물 사례를 통해서 분석할 수 있다. 이것은 단지 숫자로만 말하는 것이 아니라, B 건물은 P 광고 회사에서 위 사진 단독주택을 30억 원에 매입해서 신축 개발한 후 사옥으로 3년 사용하다가 100억 원이 넘는 가격으로 매각하면서 상당한 차익을 남긴 경사지 투자의 모범적인 사례이다.

입지분석에서 중요한 핵심은 지금은 수익으로 드러나 있지 않지만, 신축하면서 발생시킬 수 있는 수익가치를 읽어 내는 것이고 그것을 토지의 내재 가치라 한다. 대부분의 건물 투자자는 신축할 계획이 아니라 기존 건물을 승계하는 매입을 하기 때문에 이것의 중요성을 모르고 있는데, 이 단락 초입에 넣은 탤런트 한예슬 씨 투자 기사 내용과 함께 "본인은 신축하지 않는다 하더라도 신축할 목적으로 매수하는 사람이 경사지의 가치까지 반영해서 매입한다"라고 설명한 부분을 꼭 기억하기 바란다.

III.
더 올리는 기법

6장

임대전략_
임대료를 바꾸는 임대용도,
임대료를 바꾸는 임대방식

생각의 확장,
요즘 잘나가는 업종들은 지하로 들어간다

건물에서 가장 넓고 가장 높은 핫한 공간 지하가 건물 수익률에 큰 차이를 만든다. 성수동 공장, 경동시장 극장, 제주도 창고 변신처럼 건물 지하층의 이유 있는 흥행.

복합적으로 사용하기 좋은 공간의 전제조건은 다양한 퍼포먼스를 발휘할 수 있도록 층고가 높으면서 바닥 면적이 넓은 곳이다. 그 조건을 갖춘 성수동 공장, 경동시장 극장, 제주도 창고들을 카페나 행사, 공연장 등 다양한 복합공간으로 변화시켰고 지금은 많은 사람들이 찾고 있는 명소가 되어 있다. 그러한 변화는 장소에서 가지는 체험과 경험을 중요하게 생각하는 현재 소비자들의 경향이 반영된 것으로 해석된다. 이러한 소비자 트렌드의 변화는 체험의 종류가 다양해지면서 장소의 근접성도 중요해지고 있는데 접근성이 좋은 중소형 빌딩에서 공장, 극장, 창고와 같은 구조적 요건이 가능한 곳은 바로 지하층이다.

중소형 빌딩이 위치하는 용도지역은 대부분 일반주거지역에 속하며

150~250%의 용적률로 지상부에 건물 크기를 제한하고 있다. 임대 면적이 곧 수익인데 용적률에 의해 제한받다 보니 지상층에서 얻을 수 있는 수익의 폭은 한계를 보이게 된다. 그렇다면 추가로 수익을 늘릴 수 있는 방법으로는 자연스레 지하를 주목하여 제한받지 않는 지하에서 수익의 상한을 높여야 할 것이다.

강남에서는 일찌감치 지하층을 스튜디오로 임대해왔었다. 스튜디오에서는 촬영 콘셉트에 맞도록 조명을 활용하면서 작업을 하기 때문에 자연 채광은 필요조건이 아니었고 지상에서는 일조권 제한 때문에 층고를 높이기 어렵지만 깊이의 제한이 없는 지하는 신축할 때 땅을 깊게 파주는 만큼 더 높은 층고가 가능했다. 다양한 촬영 콘셉트에 맞출수 있도록 가변적인 공간 연출이 필요한 만큼 높은 층고가 필수적이며 채광의 영향을 받지 않기 때문에 오히려 지하에 자리잡는 것이 알맞았다.

최근에는 실내 테니스장, 농구 및 야구 입시 아카데미, 피트니스, 스크린 골프, 클라이밍 센터, 도심형 소형 창고, 창고형 와인바, 독특한 테마 레스토랑 등으로 다양해졌고 이외에도 끝없이 발전하고 있는 쇼핑몰들이 물류 창고와 사무실을 겸할 수 있어서 선호하고 있고 요즘 가장 핫한 유명 유튜브 채널들이 스튜디오와 사무소를 같이 겸할 수 있는 층고 높은 지하층을 찾아서 들어오고 있다.

(위) 지하 실내 농구장 ⓒ 스테이포커스
(아래) 지하 실내 테니스장 ⓒ SITA

지하층은 유리창 대신에 주로 벽으로 구성되어 있으며 높고 넓은 벽은 실험적이고 가변적인 바탕이 된다. 필요한 사용 목적에 따라서 가변성이 매우 좋다는 것이다. 스튜디오로 사용할 때는 호리존이 있었던 벽면이 테니스에서는 반코트 벽이 되고 골프에서는 필드 스크린, 클라이밍의 암벽, 야구에서는 투수 마운드, 테마 카페에서는 대형 스크린 월, 그리고 유튜브 스튜디오에서는 콘셉트에 맞는 배경이 된다. 정리해 보면, 층고 높은 지하는 가변성 좋은 공간 조건에 적합하기에 실험적이거나 창의적인 신규 업종들이 선호하게 되면서 건물을 사용하는 방법에 있어 새로운 변화가 생기게 된 것이다.

건물이라는 곳은 아주 오랫동안 정형화된 구조 안에서 사무와 업무 또는 일상적인 상업시설로만 사용되어 왔다. 지하층 사용의 변화는 더 다양해진 욕구와 활동을 해소해 줄 수 있는 새로운 공간이 필요했기 때문으로 해석되고 그 배경을 크게 두 가지로 나누어 설명해 보겠다.

첫 번째, "야외 스포츠가 실내로 들어오는 스포츠 체험의 변화"이다.

야외에서 해야 하는 스포츠들이 있다. 그런데, 우리나라는 1년 중에서 8개월 이상이 덥거나 추운 날씨이고 여기에 비가 오거나 태풍 등의 기상 사정까지 계산해 보면 5분의 3, 즉 60% 이상의 날들이 외부 활동에 제약을 받게 된다. 더군다나, 야외에서 하는 운동이다 보니 접근성이 떨어지면서 그만큼의 시간도 소모되어야 한다.

이런 단점을 완전히 커버할 수 있는 실내 테니스는 날씨와 무관하게 즐길 수 있다는 아주 큰 장점을 가지게 되고 회사 또는 집 근처로 찾을 수 있어서 접근성까지 좋아지는데 최근에는 20~30대 레저 활동 인구가 늘어나고 다양한 스포츠를 직접 체험하는 추세가 이어지고 있다.

이전에는 스포츠라는 것이 일부 마니아들의 전유물이었지만 지금은 다수의 취미 생활이 되었고 무엇보다 큰 변화는 운동 그 자체를 넘어서서 SNS 상에서 본인을 표현하고 알리는 훌륭한 도구가 되었다. 이러한 소비자의 변화에 따라서 임차 업종들의 건물을 사용하는 가치와 방법이 달라지고 있기에 건물에 투자하고 임대하는 사람의 관점도 바뀌어야 할 것이다.

두 번째, "사무에 유통을 더하고, 미디어에 사무를 더하는 등 복합적 용도의 증가"이다.

업종의 변화는 우리 실생활과 매우 밀접해 있다. 온라인 쇼핑 시장은 이미 거대한 시장으로 자리 잡혀 있고 그것을 유통하는 업종은 수도 없이 다양한 카테고리로 세분화 되어 있다. 대형 온라인 쇼핑몰은 사무소와 물류 창고가 분리되어 있지만, 중소형급 몰 중에서 업종에 따라서는 배송 접근성 좋은 곳에서 유통과 사무가 동시에 이루어지는 공간을 필요로 한다.

또한, 미디어 업종도 변혁의 시대를 지나고 있다. 예전에 미디어는 대형 방송사나 신문사의 전유물이었지만, 지금은 1인 미디어도 가능한 시대를 살고 있다. 수없이 늘어난 미디어 중에서도 유튜브 채널 시장이 가장 커져 있고 유명 유튜버들은 전용 스튜디오를 가지고 운영할 만큼 규모 있는 수익 사업이 되어 있다.

시대의 흐름에 따라 쇼핑몰이나 미디어 관련 시장은 더 확장되고 다양해질 것이다. 이에 따라, 상품을 소비자에게 공급하는 회사는 공급에 기반이

① ⓒ 월간 SPACE
② ⓒ 사무실풍경
③ ⓒ 크래프톤 스튜디오

되는 근접한 장소가 늘어나야 할 것이고 미디어를 제공하는 회사들은 다양한 콘텐츠를 생성해 내는 물리적 공간이 저마다 필요해질 것이다.

올바른 판단, 지하는 건물의 기초이자 수익의 기초이다

건물 투자 분석은 투자하는 비용이 얼마나 지나야 회수되나?가 아니라 투자하는 비용이 얼마의 자산 가치로 변환이 되나?를 판단하는 것이다.

서울 중구에서 중소형 빌딩 건축을 예정하고 있던 건축주가 신축 컨설팅을 의뢰해 왔다. 그분은 지인에게 소개받은 시공사와 신축할 건물에 대해서 의논을 해왔었고 꽤 많이 진전되어 있었다. 이 책 신축 기획 편에서 자세히 설명하고 있는데, 중소형 빌딩을 신축할 때 건물의 콘셉트와 기획을 시공사와 결정하는 것은 옳지 않다. 그중에서도 건물의 사용을 결정짓는 층 구성을 시공사의 조언대로 하는 일은 더욱더 그렇다.

이미 결정되어 있는 건축 계획 중에서 변경해야만 하는 몇 가지가 있었는데, 그중 가장 문제가 되는 것은 지하층 없이 건축하기로 했다는 것이다. 그렇게 결정하게 된 이유를 물어보니 "지하층은 토목공사비가 많이 들고 총 공사 기간도 길어지는데, 지하에 투입되는 공사비를 지하 임대료로 회수하는 데 10년은 걸릴 것이고, 더군다나 지하는 임대도 잘되지 않으니 지상부만 건축하는 것이 더 이익이다"라고 말한 시공사의 설명 때문이었다.

시공사가 말하는 건축 전략은 주로 집장사 빌라 업자들이 하는 방법이다. 주택가에서 흔히 봐왔던 '방 3개 실입주금 ○○○○만원'으로 홍보하는 빌라 건물들의 경우 대부분이 지하층은 없고 지상층으로만 건축되어 있는데 빌라 시행사에서는 주택으로 분양이 어려운 지하층을 짓지 않음으로써 공사 기간, 공사 비용을 줄일 수 있고, 또한 분양 기간을 짧게 하여 다음 사업장으로 빨리 넘어가는 것을 선호하기 때문이다.

하지만, 임대 수익형 근린 생활 건물을 신축할 때에는 완전히 다른 관점과 기준으로 판단해야 한다. 앞서 말한 시공사의 설명처럼 '투입하는 비용을 임대료로 회수하는 기간'이 아니라 '투입하는 비용으로 인하여 증가되는 자산 가치'를 산출해서 판단하는 것이 옳고, 지하를 임대가 잘 안되는 곳으로 단정 지을 게 아니라 어떻게 구성해야 수익성 높은 지하가 되는지를 기획해서 반영해야 하는 것이다.

수익형 부동산 투자를 할 때는 무엇보다도 건물의 총 수익을 높이는 데 중점을 둬야 한다. 설사 지하 공사비만큼 대출을 더 받는다 하더라도 지하 임대료에서 지하 공사비 이자를 제하고 남기 때문에 보유하는 동안에 순수익은 늘어나고, 매매시장에서 임대 수익의 크기가 건물의 객관적인 가액으로 환산되기 때문에 대출액과는 무관하게 지하 임대료만큼 매각가의 상승효과를 얻게 된다.

시공사의 염려와는 달리 지하층은 상권이 아닌 주거지역에서도 공간 구성과 타겟팅에 따라서 얼마든지 임대가 가능하다. 용적률과 일조권의 제한 속에서 조금이라도 면적을 더 확보하기 위해서 애쓰는데, 이러한 규제에서 자유로운 지하층의 면적을 포기한다는 것은 건물에 상당한 가치를 버리겠다는 결정과 마찬가지이다. 더군다나 건물을 철거하지 않는 한 지하층을 증축하는 것은 불가능하기 때문에 건축한 후에는 돌이킬 수도 없다.

최근 강남지역에서는 중소형 빌딩을 신축할 때 지하를 2개 층으로 건축하는 경우가 늘고 있다. 경사지에서는 현황상 노출되는 1개 층과 그 아래 한 개 층(공부상 지하 2층)을 내려가면서 기본적으로 지하 2개 층을 만들고 있고, 평지 경우에도 건물 전체 임대 수익을 높이기 위해서 설계 시에 지하 2층까지 기획하면서 과감하게 깊은 지하 공간을 확보하는 건축을 하고 있다.

앞 편에서 설명했듯이 지금의 지하층은 디자인, 광고, 쇼핑몰 등을 비롯해서 실내 테니스/골프/야구, 유튜브 채널 스튜디오처럼 앞서 나가는 트렌디한 회사들이 남과 다른 유니크한 공간을 찾거나 구조적으로 높은 층고를 필요로 하면서 선호하는 층으로 흥행하고 있다.

여기서 중요하게 알아야 하는 것이, 인기 있는 지하층은 단지 층고 높은 것만이 아니라 건물이 감각적이고 지하의 단점을 커버하는 구조까지 갖추고 있을 때 잘나가는 업종들이 선호하게 되고 상호작용으로 건물의 가치도 더 높아지게 되는 것이다. 단순히 깊이만 내려가는 것이 아니라 지하이기에 있을 수 있는 핸디캡을 개선하기 위해서 채광과 환기에 효과적인 선큰 공간을 확보하고 전열교환기 설치로 공기 정화와 습도 조절 등을 해주면서 쾌적한 환경을 제공해 주는 것이다.

이와 같이 지하층은 단점만 개선해 준다면 깊이에 제한이 없기 때문에 높

건물의 가치를 더 끌어 올려주는 지하층 레퍼런스 ⓒ 사무실풍경

Ⅲ. 더 올리는 기법

은 층고로 공간 사용 가치를 확장할 수 있고, 건폐율 적용을 받지 않기 때문에 지상층보다 훨씬 넓은 바닥 면적을 확보할 수 있다는 장점이 있다.

임대료 수익과 자산 가치 증가 외에도 1개 층이 더 늘어나고 전체 면적이 증가하면서 건물의 전체 규모가 달라지는 플러스 효과까지 얻게 되는데 당장 건물을 매각할 계획이 아니라 하더라도 투자자로서 내 건물의 객관적 가치는 아주 중요한 것이다. 왜냐하면, 건물이 감가 상각되면서 회계상 잔존가치는 내려갈 수 있지만 임대료 수익에 의한 자산 가치는 내려가지는 않기 때문이다.

정리하면, 부동산 투자는 사업이고 사업의 목적은 수익을 창출하는 것이다. 비용을 줄이는 것만 계산할 것이 아니라 비용으로 인한 가치 증가분에 더 중점을 두는 것이 맞다. 앞서 설명했듯이 잘못된 판단을 하게 되는 것은 공사비를 회수해야 한다는 심리 때문인데, 투자 수익 분석을 할 때는 원금 회수 기간으로 계산하는 것이 아니라 자본환원 가치를 산출하는 것이 옳다.

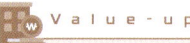

잘못된 투자 분석
지하층 공사비 vs (지하층 월 임대수익 × 개월 수)
예 공사비 5억 원 = (월 4백만 원 × 125개월) _ 공사비 회수 기간은 약 10년 5개월 소요

올바른 투자 분석
지하층 공사비 vs (지하층 1년 임대료 ÷ 자본환원율)
예 공사비 5억 원 〈 (연 4천8백만 원 ÷ 3.4%) _ 지하층 자산 가치는 14억 1천만 원

예를 들어 지하층을 넣고 건축할 때 공사비가 5억 원이 더 들고 완공 후 받게 되는 임대료는 월 4백만 원이라 했을 때, 잘못된 분석은 '연 임대료가 4천8백만 원이니까 투자한 금액 5억 원을 회수하는 데 10년 5개월이나 걸리겠다'라고 판단하는 것이고, 올바른 분석은 '수익환원법* 방식으로 연 임대료 4천8백만 원에 자본환원율** 3.4%를 적용해서 산출해 보면 지하층 공사로 인해 증가되는 자산 가치는 14억 1천만 원이 되고 공사비 5억 원을 제하고도 순 자산은 9억 1천만 원이나 증가하겠다'라고 판단하는 것이다.

'지하층은 건물에서 가장 높고 가장 넓은 공간이 될 수 있는 곳'이다. 잘못된 자문으로 인해서 선물 같은 공간이 될 수 있는 지하층을 수익 증가에 활용하지 못하게 되는 것은 투자적 관점에서 너무나 안타까운 실수를 저지르는 것이라고 다시 한번 강조한다.

건물 투자는 사업이라는 개념으로 접근해야 하고 우리가 쉽게 생각할 수 있는 통념에서 벗어나 가치판단에 대한 분석 기준을 제대로 정립해야 한다. 그럼으로써, 잘못된 투자 분석으로 인해 건물 가치에 되돌릴 수 없는 손해를 발생시키는 결정이 없기를 바란다.

---

* **수익환원법**
부동산의 수익으로부터 자산의 가격을 산정하는 방법을 말한다. 수익환원법은 임대용 부동산의 가격을 구하는 경우 특히 유효하며 부동산 가격은 일반적으로 당해 부동산의 수익성을 반영하여 형성된다.

** **자본 환원율**
미래 이익을 현재가치로 전환하기 위해 적용하는 할인율을 말한다. 상업용 부동산의 수익가치를 산정할 때 사용된다.

관점의 변화, 단독주택은 주거용보다 사무용일 때 훨씬 더 쓸모가 있다

관점을 바꾸면 수익이 보인다. 그동안은 사용 업종에 따라 임차인이 용도를 변경해왔는데, 건물주가 수익적 필요에 따라 용도변경을 선행함으로써 건물의 쓰임새를 변화시킬 수 있다.

단독주택은 주택 중에서 단독으로 주거를 사용할 수 있는 형태를 말한다. 용도가 주택으로 되어 있고 구조도 주거에 맞게 만들어져 있는데 사옥으로 쓰기에 최적이라고 하는 것은 왜일까?

  부동산은 정부의 정책에 따라 영향을 받게 되고 그중에서 아파트를 포함하는 주택은 규제의 변동성이 심한 편이다. 주택이라는 부동산이 주거 정책과 직결되어 있으면서 정부가 잘했다, 못했다 하는 평가 기준이 되다 보니까 정치적인 필요에 따라서 정책 또한 수시로 바뀌고 있기 때문이다.

  이 설명을 하는 이유는 '단독주택의 변신이 새로운 정책에 의해서 시작되었고 그것은 바로 고가 주택 소유자에게 과한 부담을 지우는 종합부동산세 때문이다'라는 것이다. 사실 종부세는 아파트 투기 열풍을 잡으려고

만든 중과세인데 엄하게도 같은 주택에 속해 있는 단독주택이 그 폭탄 부담을 지게 된 것이다. 건물은 오래되어서 잔존가치는 얼마 되지 않지만, 땅의 가격이 워낙 높다 보니 웬만한 고급 아파트 금액을 초과하는 까닭에 종부세 대상에 속하게 되었다. 단독주택 소유자들은 그동안 없었던 큰 비용의 세금을 내게 되면서 절세의 방법으로 하나둘씩 근린생활시설 용도[*]로 변경하게 되었다.

이러한 변경은 강남지역에서 먼저 시작되었고 '단독주택 사무실'이라는 오피스의 새로운 형태로 알려지기 시작했다. 차츰 선호하는 회사들이 늘어났고 마포의 홍대 권역, 성동구의 성수 권역, 용산구의 한남 권역 등으로 퍼져 나가면서 단독주택의 변신은 새로운 트렌드로 자리잡았다. 시작은 사무실 용도였지만 다양해진 지역만큼이나 여러 필요에 따라 달리 활용되었다. 헤어숍, 웨딩 의상실, 카페, 레스토랑, 각종 전시장, 가든 웨딩 및 이벤트 홀, 스튜디오, 팝업 스토어 등 단독주택을 사용하는 용도는 다 헤아리기 어려울 정도로 다양해졌다.

그렇다면, 단독주택을 사무실 용도로 사용할 때 어떤 부분들이 장점으로 부각되면서 선호하게 되고 인기를 끌게 되었는지 살펴보겠다.

---

[*] 단독주택은 용도지역에 따라서 사무소, 소매점, 일반음식점 등 여러 가지 용도로 변경이 가능하고 용도변경을 통해 임대할 수 있는 대상이 달라지기 때문에 임대 수익이 높아지게 된다. 다만, 보유세는 대부분 낮아지는데 매각 시 양도세는 다른 주택 보유 여부에 따라서 차이가 클 수 있으므로 매각 계획이 있을 때는 용도 변경하기 전에 미리 확인해 보는 것이 좋다.

첫 번째, 단독주택은 단독 건물 사옥이 된다.

회사를 운영하는 대표들은 회사가 커지면 대형 빌딩으로 이전하고 싶은 욕망이 있고, 또 하나는 다른 임차사들 및 건물 관리인 등의 간섭을 받지 않는 단독 건물 사옥으로 입주를 하고 싶은 욕망이 있다. 건물 전체를 임차해야 하는 사옥은 임대료가 너무나 높아서 엄두를 내지 못했다가 "단독주택 사무실"이라는 새로운 임대 형태가 나오면서 일반 빌딩 80~100평 정도의 임대료 수준으로 사옥이라는 단독 건물을 사용할 수 있게 된 것이다.

두 번째, 단독주택은 주차 천국이다.

대형 빌딩의 경우 일반적으로 50평당 주차 1대를 부여받는다. 100평을 임대해 봐야 2대가 가능하고 월 주차비를 내면서 추가 주차할 수 있으면 다행이라고 생각해야 한다. 그런데, 단독주택은 담장만 허물면 기존에 마당으로 쓰던 공간이 회사 전용 주차장으로 변신 된다.

적게는 3~4대부터 많게는 8~10대 주차가 가능하고, 전체를 전용으로 사용하다 보니 다른 층의 임차인 또는 방문자 주차로 인해 발생하는 분쟁이 완전하게 사라지게 된다. 또한, 주차에서 특히 주목할 장점이 차종에 제한을 받지 않는다는 것이다. 일반 건물은 기계식 주차 경우 차종이 제한되는 곳이 많고 자주식 지하 주차장에서도 차량 높이가 제한되는 곳이 많은데 단독주택 사무실의 주차장은 외부공간이기 때문에 이런 제한이 없다.

중소형 빌딩에서 연예인 차라고 익히 알려진 밴, 물건 배송하는 택배 차량, 촬영 장비를 이동하는 탑차, 이외 차량 사이즈가 남다른 대형 SUV 등

ⓒ 네이버지도

Ⅲ. 더 올리는 기법

을 주차하는 것은 매우 어려운 일이지만 단독주택 앞마당에서는 불편함 없이 세우면 된다. 그야말로 주차의 천국이다. 밴이나 대형 승합차 활용이 많은 엔터테인먼트, 방송 관련된 회사나 물품 배송하는 탑차 등의 방문이 많은 쇼핑몰 같은 업종은 주차장 사용에 제한이 없다는 점에서 특히 선호하게 된다.

세 번째, 단독주택은 원하는 대로 다 할 수 있다.

일반 빌딩은 여러 회사가 함께 사용하기 때문에 공용공간과 전용공간으로 각각 구획되어 있고 건물을 사용하는 시간에 제한이 있기도 하다. 즉, 정해진 면적 안에서 사용 가능한 시간에 활용하도록 되어 있다. 그와 달리 단독주택은 사옥이기 때문에 공간을 구분하지 않으며 사용시간을 마음대로 할 수 있어서 물건이나 장비 등을 적재해야 하는 제품 판매나 촬영 관련 업종, 야근이 많거나 근무 시간이 탄력적이어야 하는 디자인, 건축사사무소 등이 매우 선호하게 된다. 그리고, 또 하나 특별한 장점은 정원이 있다는 점이다. 1층 정원이나 2층 테라스에서 바비큐 등의 회식을 할 수도 있고 각종 이벤트나 행사까지 가능하기에 그야말로 하고 싶은 대로 다 할 수 있는 곳이다.

오래된 단독주택을 월세 형태로 임대할 때 주거로 사용하면서 개인이 월세를 부담할 수 있는 수요자는 매우 한정적이지만 오피스로 임대하게 되면 회사의 임대료가 되기 때문에 지불 능력이 가능한 수요자는 훨씬 넓어지게 된다.

그리고, 단독주택에 들어오는 회사는 오피스 전용 건물에 비해 임대료가 낮아지거나 비슷하게 부담하면서 빌딩에서는 내야 하는 공용 관리비 지출이 사라지게 되고, 임대인의 입장에서는 주택일 때보다 높은 임대료를 받으면서 건물의 관리 부담은 줄일 수 있기 때문에 양 당사자 모두가 만족하는 임대차 조건이 형성된다.

살펴본 것처럼, 이렇게 장점이 많은 사무실 임대 형태이다 보니 선호하는 회사는 늘어나게 되고 수요에 따라 용도변경을 한 건물주의 결과물은 기대 이상의 임대 수익이었다. 게다가, 시간이 갈수록 일반 건물보다 임대료 상승률이 높아지고 있는데 그 이유는 임차인이 많은 다가구 주택이나 상가 건물에 비해 단독주택은 철거와 신축이 수월하다 보니 개발 수요에 의해 단독주택의 숫자가 줄어들고 있기 때문이다. 수요는 그대로인데 사용 가능한 물량이 적어지고 있는 것이다.

시장은 늘 변화하는데 그중에서도 대표적인 사례가 단독주택을 업무 용도로 전환해서 임대하는 것이다. 물가는 오르고 금리도 높은데 공시지가 비싼 주택을 안고서 재산세, 종부세에 눌려서 끙끙대지만 말고 임대 방식의 전환을 통해서 수익이 변화될 수 있다는 것을 안내한다.

방식의 전환, 계약 방식의 전환은 같은 건물에 다른 수익을 만든다

임대인은 수익성과 관리성 측면에서 최적의 임대차 구조를 만들 필요가 있는데, 건물 전체를 사옥으로 일괄 임대하면서 임차인이 자체 관리하게 하는 것이 그것에 해당한다.

임대 수익 전략에는 여러 가지가 있는데 그중에서도 임대할 공간을 어떻게 나누느냐는 매우 중요한 사항이다. 나누는 방식에 따라서 임대 수익, 관리 시간과 비용, 임대 리스크 등이 달라지기 때문에 지역의 특성이나 건물의 구조 또는 주요 임차사 유형을 고려해서 임대 면적 배분을 결정해야 할 것이다. 참고로, 용도지역과 건물의 용도에 따라서 사용할 수 있는 업종 제한 규정은 있지만, 임대 면적의 크기를 어떻게 나누느냐에 대한 법적 규제는 없으므로 오로지 임대인과 임차인이 선택할 사항이다.

중소형 빌딩 건물 전체 면적은 100평대부터 500평대까지 이루고 있고 가장 많은 200~300평을 기준으로 봤을 때 한 개 층씩 임대를 하거나 한 층을 두 개의 호수로 나누는 경우가 일반적이다. 지하층부터 맨 위층까지

5~7개 층으로 구성이 되면서 한 층당 임대할 때는 5~7곳의 임차인, 두 개 호수로 분리하는 경우에는 10곳 전후의 임대차 계약을 이루게 된다.

이렇게, 여러 임대차 계약이 있다 보니 임대인이 해야 할 일도 그만큼 많았는데 시대가 바뀌면서 임대 유형에도 변화가 일고 있고 그중 하나가 임대할 때 호수나 층별로 나누지 않고 건물 전체를 사옥으로 임대하는 것이다. 그렇다면, 이러한 사옥 통임대 방식은 어떤 장점들이 있기에 늘어나고 있고 발생할 수 있는 단점은 어떻게 주의해야 하는지에 대해 살펴보겠다.

첫 번째, 통임대 방식이 늘어나고 있는 시대적 흐름 : 사업 유형과 성향의 변화

예전에는 회사의 규모나 유형이 지금처럼 다양하지 않았다. 대기업과 제조업 업태의 중소기업들이 있었고 그 외 작은 규모의 소형 사무실로 나누어지는 정도였는데 2000년도 전후에 벤처 붐이 있으면서 가늠하기 어려울 정도로 많은 IT 관련 회사들이 다양한 규모로 쏟아져 나왔다. 네이버나 엔씨소프트와 같은 회사들이 기존의 기업과는 다른 유형의 대기업으로 성장하였고 제조업이 아닌 새로운 업태의 중소기업들이 다양하게 늘어났다.

벤처 붐 시대를 20년이나 지나온 지금은 스타트업이라는 회사 설립 방식과 벤처캐피털의 투자 시스템이 만나면서 이전보다 더 무서운 속도로 회사의 숫자가 늘어나고 있으며 성장 속도도 더 빨라지고 있다. 기존에 없었던 스타트업 방식으로 성장한 회사들은 근무 시간과 복장이 자유롭고, 구성하는 인원수나 사업 종목 수의 변동이 상당히 빠르다는 특징을 가지고 있다. 이와 같은 이유로 대형 빌딩에 있는 것보다 건물 전체를 단독으로 자유롭게 사용하는 것을 선호하게 되었고 그 흐름으로 사옥 통임대 수요가 늘어나게 되었다.

두 번째, 임차인이 통임대 방식을 선택하는 이유 : 필요 가변성과 사용 편의성

사옥 통임대가 늘고 있는 배경을 요약하면 자율성, 다양성, 가변성을 중요하게 생각하는 회사들이 늘어나서이다. 이 회사들은 건물 사용하는 방식을 건물에서 정한 규칙에 따르는 것이 아니라 자율적으로 설정할 수 있기를 원하고, 공간의 쓰임을 결정할 때 단지 업무만 보는 것이 아니라 그 이상의 사업적 시너지를 낼 수 있는지를 생각하고 있다.

사례로, 스타트업으로 시작해서 급속도로 성장하던 F사는 100평 규모가 될 때까지 공유 오피스 내에서 사용면적을 몇 차례 늘리다가 두 배 이상의 공간이 필요해지면서 공유 오피스를 나와 다른 빌딩에 이전하게 되었다.

이 회사는 AI 기술 기반으로 디지털 커머스 솔루션을 제공하는 것이 주요 사업인데 국내 대기업뿐만 아니라 해외 기업들도 주요 고객으로 두고 있었다. 새롭게 이전하는 곳에서는 클라이언트들을 초청해서 새로운 프로그램 사업 설명회를 할 수 있는 장소가 필요했고, 회사 직원들만 사용할 수 있는 실내 및 야외 휴식공간이 있기를 원했으며, 사람도 차도 건물에 자유롭게 들어오고 나갈 수 있기를 바랐는데 여러 형태의 후보 건물을 검토한 후 선정릉역 인근 신축 중소형 빌딩(지하 2층~ 지상 5층의 총 7개 층 + 루프탑)을 통임대 조건으로 계약 체결했다.

층고 4.5m나 되는 지하 2층은 고객사들을 사옥으로 초청해서 사업 설명회를 할 수 있게 하고 강연이나 이벤트를 개최하거나 대관하기에 더없이

①	②
③	④

❶ 탁 트인 루프탑 옥상 휴게 공간
❷ 가용성 좋은 단독 세미나 공간
❸ 회의, 미팅, 휴게 등 창의적 공간
❹ 지하 1층 전체 전용 주차 공간 ⓒ 인퍼티

Ⅲ. 더 올리는 기법

좋은 공간이었다. 지하 1층은 전체가 주차장이고 건물 북측에도 외부 주차장이 있어서 11대 이상의 차량을 주차할 수가 있다. 추가 주차비를 내지 않고도 주차가 이만큼이나 가능한 특혜는 사옥이 아니고서는 불가능하다.

또한, 이 건물은 1층부터 5층까지 모든 층에 테라스가 갖추어져 있어서 다른 외부인 없는 야외 공간에서 회의나 미팅 등의 활동이 언제든지 자유롭다. 건물의 탑까지 올라가는 승강기를 내리면 전용 루프탑이 바로 연결되면서 탁 트인 휴식 장소가 되고, 테헤란로 야경을 배경으로 회사의 각종 행사를 할 수 있는 멋진 이벤트 공간이 되게 된다.

이렇게 다양한 장점을 모두 가질 수 있는 것은 통임대 방식이 아니라면 기대할 수 없다.

세 번째, 임대인이 통임대 방식을 하면 좋은 이유 : 수익성과 관리 편리성

임대인이 임대 방식을 택할 때 무엇보다 수익의 결과가 중요한데 단순히 수익성만 쫓다 보면 수익 대비 리스크가 커질 수 있고 관리 비용이 증가하게 될 수 있다.

수익성을 높이기에 당장 쉬운 방법은 다른 건물에서 꺼려 하는 업종을 받는 것인데 다른 건물에서 거절했던 이유만큼 리스크 발생 확률이 높다는 점은 감당해야 할 것이다. 그리고, 고시원처럼 아주 작은 단위로 나누어 임대하여도 수익이 높아질 수 있는데 이 경우에는 여러 임차인별 임대료 징수 및 잦은 입퇴실 관리에 필요한 인력과 시설 유지 비용이 투입되어야 한다.

그에 비해, 오피스 사옥 통임대 방식은 매우 독특하게도 수익을 올려주면서 관리 편리성까지 좋아지는 방식이다. 임대차가 하나이다 보니 여러 임차인이 있는 건물보다 임차인 관리가 간소해지고, 통임대 방식이다 보니 임차사에서 건물을 자체 관리하도록 체결*하게 됨으로써 건물 관리 업무에서도 배제될 수 있는 이점도 누리게 된다. 일반적으로는 임대인이 임차인에게 관리비를 받아서 건물의 청소용역부터 안전 관리 및 보안 비용 등을 납부하게 되는데 건물에 상주하는 임차인이 관리하면서 지출이 절감되는 효과까지 발생한다.

무엇보다도 통임대 방식은 층별 임대보다 확연하게 수익이 높아진다. 같은 건물에서 임대 방식 변경만으로 임대료가 높아질 수 있다는 것인데 그것이 가능한 이유는 크게 두 가지로 볼 수 있다. 하나는 '임대료를 적용하는 사용면적의 차이'이고, 또 하나는 2장 사옥 투자 편에서 설명했던 '건물을 사옥으로 사용할 때 회사가 얻게 되는 부가적 사업 가치'로 인해서이다.

층별로 임대할 때는 계약하는 한 개 층이나 전용으로 사용하는 면적에 평당 임대료 적용을 한다면, 사옥 임대에서는 건물 전체 바닥 면적의 합계인 연면적을 기준해서 평당 임대료를 적용한다. 건물의 모든 면적과 공간을 임차인이 필요한 대로 전부 사용할 수 있는 임대차이기 때문에 그러하다.

또한, 사용면적 증가와 별도로 사옥이 주는 사업적 효과가 있다. 대외적으로 신뢰성을 높이는 장점이 분명하게 있고, 건물을 다양하게 비즈니스에 활용할 수 있는 확장성은 물리적 사용 가치를 넘어서는 효과를 만들어

---

*   임대차는 계약 자유의 원칙에 기반하기에 건물 관리 주체를 필요에 따라 자유롭게 약정할 수 있다.

낸다.

지금까지 사옥 통임대 방식의 이로운 점을 이야기하였는데, 그 반면에 있게 되는 리스크에 대해서도 정확히 알아야 하겠다.

분명 임차인이 한 곳이라는 것을 장점이라고 설명했지만, 반면 그것은 단점이 될 수도 있다. 임차하고 있는 회사가 사업이 안 좋아지거나 어려운 상황을 겪게 된다면 건물 전체 임대료 수급에 영향을 주기 때문에 임대료 연체 시 임대인이 받게 되는 부담은 매우 크다. 또한, 계약이 만료되어 임차인이 퇴실하게 될 때 차기 임차인을 맞추지 못하게 된다면 건물 전체가 공실이 되는 위험이 있다.

건물의 임대 수익이 한 곳의 임차 회사에서 나오다 보니 통임대 사옥 방식으로 임대할 때는 사옥 수요자가 선호하는 지역에 대한 분석을 신중하게 검토해야 하고, 계약을 체결하기 전에 임차 의향이 있는 회사의 업력과 운영 능력 등에 대해서 꼼꼼하게 체크 할 필요가 있다. 참고로, 회사의 사업 활동부터 매출액 자료 등 법인의 많은 정보를 인터넷에서 확인할 수 있다.

조금 더 신중하게 수요를 검토하고 계약 조건에 안전장치 조항 등을 더해서 리스크를 줄여 준다면, 사옥 통임대의 여러 가지 장점을 가지면서 큰 차이의 수익을 높일 수 있는 특별한 임대 방식이 될 수 있다는 것으로 정리한다.

7장

리모델링_
가난한 건물이 부자 건물 되는
공사기법 3가지

공사위임 60년대 폐가주택,
세상 트렌디한 디저트 카페로 극적인 변신

건물은 사용 목적에 따라 가치가 변화되고 곧 수익이 변동된다. 이 변화에 임대인 몫은 용도변경과 유연한 계약조건이고, 그 결과로 임차인의 사업과 임대인의 건물은 같이 성장한다.

나는 H 대학교 부동산대학원에서 '상업용 부동산 임차인 업종 변경과 용도변경*에 따르는 수익률 변화 분석'을 주제로 하는 특강을 여러 차례 했었고, 내용 중에는 오래된 주택 또는 건물에 비용을 전혀 들이지 않거나 적은 비용으로 수익의 변화를 만들어 내는 리모델링 전략에 대한 강의가 있었는데 이러한 주제에 대해서 수강하시는 분들의 반응이 좋았다.

그중 한 분은 수강 후 직접 의뢰를 해오셨는데 강의 내용이 본인을 위해

---

* 용도는 건축물의 구조와 이용 목적, 형태 등으로 분류되는데 그 용도를 계속 유지해야 하는 것은 아니다. 용도지역 기준에 따라 신고 또는 허가의 절차를 거쳐서 필요로 하는 목적에 부합하도록 변경 가능하다. 부동산 투자할 때 가장 많은 용도변경 사례는 주택에서 근린생활시설로 변경하는 것인데 이때, 주차 대수는 주택이 근생보다 기준이 더 높기 때문에 대부분 문제가 되지 않고 정화조는 근생일 때 더 많은 용량을 필요로 하기 때문에 미리 확인해 보는 것이 좋다.

서 주문 제작된 내용 같았다고 하시면서 이러한 밸류 애드 솔루션에 대해 매우 반가워하였다. 이에, 실행된 사례를 소개해보겠다.

이태원 용산구청 바로 인근에 1967년도에 지어진 주택으로 무려 50년도 훨씬 넘긴 아주 오래된 건물이었다. '용산 미군 부대 이전 후 지역 재개발 기대감으로 매입했고 때가 올 때까지 그냥 가지고 있자'라는 마음으로 지내오고 있었다. 하지만, 재개발이라고 하는 것은 실제 땅을 파는 것을 눈으로 볼 때 '드디어 하는구나'라고 하는 것이지 그전까지는 그 누구도 실행 시기를 장담할 수가 없고 이곳 또한 기대만 가득했지 언제라고 기약하지 못하면서 한해 두해 지나고 있었다.

주택 1층과 2층은 외부 계단으로 분리되어 있고 옥상에는 작은 옥탑방이 있었는데, 벽체의 벽지들은 썩어가고 창틀과 계단 난간은 모두 쓸 수가 없을 정도로 최악의 상태이었기에 임대금액은 적어도 괜찮으니 재개발될 때까지 들어와 있기만을 바라며 임차인을 구하고 있던 중이었다. 건물주의 바람과는 달리 두 사람이 교차하기 힘들 정도로 좁은 진입로를 지나 안쪽으로 들어가 있는 입지에 아주 낡은 건물이 반년 넘게 사람이 살지 않고 방치되어 있다 보니 임대는 고사하고 길고양이들의 아지트가 되어 있었.

현장 상태가 최악인 것은 안타까웠지만 건물 전체가 공실인 것은 정말 다행이었다. 방이 하나라도 임대가 되어 있다면 투자금 없이 밸류 애드 하는 솔루션은 실행할 수 없기 때문이다.

건물은 지도에도 없는 좁은 통로를 지나서 있었지만 그나마 인근이 주말에 어느 정도의 유동인구가 있는 상권이어서 좁은 골목 출입구를 오히려 재밌다고 생각하며 장점화할 수 있는 임차 업종이라면 맞을 수도 있었다. 그러한 임차인이 많지는 않으므로 이태원과 경리단길뿐만 아니라 이와 비슷한 상권을 가지고 있는 여러 지역에까지 임대 홍보 범위를 넓혀야 하겠다는 판단이 섰고, 시장 조사와 여러 가지 분석을 마친 후에 건물주에게 이렇게 제안을 하였다.

> "본 건물은 리모델링 없이 현재 상태로 임대는 불가능하다.
> 큰 비용을 투자해야 하는 리모델링은 임대인이 해놓는 경우가 대부분이지만 임차인이 사용 목적에 맞게 직접 하고 들어오는 방식도 있다. 다만, 임차인이 많은 비용을 들여서 공사하는 임대차 계약이라면 임대차 기간은 장기로 해주고 초기 1~2년 동안의 임대료는 인근 시세보다 낮게 해주며 이후에 차츰 인상하는 옵션으로 해야 할 것이다."

이 제안 후 주택을 근린생활시설로 용도변경하고 시장에 가장 효과적인 임대 전략을 실행한 결과, '건물 전체 보증금 2천5백만 원에 월 임대료 30만 원 나오던 53년 된 주택이 보증금 3천만 원에 월 임대료 300만 원의 디저트 카페로 변신하게 되었다.'

사람이 거주하기 불가능할 정도로 폐가 수준이던 주택을 더 머무르고 싶은 감성 넘치는 통카페 건물로 리모델링 하는 것은 임차인이 직접 부담하며 시공하였고, 임대인은 초기 몇 년간 임대료 일부 인하와 넉넉한 계약 기간 보장이라는 베네핏으로 거들었을 뿐이었다.

아주 오래된 건물은 기능적으로 효율성이 매우 떨어져서 그 가치가 현저하게 낮아지지만 누가, 어떻게, 어떤 관점으로 활용하느냐에 따라서 전

철거될 위기에 있던 53년 된 주택의 입구와 건물 내외부

현재 트렌디한 디저트 카페로 운영 중 ⓒ 발루토피비

혀 다른 가치로 인정을 받을 수 있다. 역설적으로 디저트 카페를 하겠다고 결정한 임차인 대표는 이 건물이 제대로 오래된 것이기 때문에 선택했다고 하였다.

그 대표는 오래된 시간이 축적된 건물을 낡은 것이 아니라 매력적인 것으로 보이게 할 자신이 있었고, 임대인은 기존의 건물과는 비교할 수 없는 가치로 변환시키는 임차인을 유치하는 것만으로 철거할 생각까지 가졌었던 건물에 투자비용 하나 들이지 않고 밸류 애드를 실행하게 된 것이다.

부분공사 장기공실 골칫덩이,
철재 계단 매력을 품은 아날로그 건물의 부활

'의복이 변하면 의식이 변한다'라는 말이 있다. 건물도 그렇다.
'공간이 변하면 쓰임이 변하고 다른 쓰임은 다른 수익을 만든다.'

시대를 앞서가는 기업들은 기존의 시장에서 구조적 핸디캡이나 성장의 한계를 새로운 아이디어로 극복하면서 오히려 차별화의 장점으로 부각시키는 사례를 볼 수 있다. 이와 같은 비즈니스 모델은 건물에도 적용할 수 있겠다.

'건물에서 단점으로 취급되는 것들에 대해 아이디어가 수반된 용도 변경, 구조 변경 등을 통해서 보통의 것과는 다른 곳이다'라는 다름의 특별화 전략은 건물 임대에 매우 효과적이다.

지금의 오래된 중소형 건물들은 주로 1980~90년대에 지어졌고, 그 당시 임대 안정성 측면에서 저층부에는 상가와 사무실을 넣고 상층부는 주택을 임대하는 방식으로 구성했는데 이를 상가주택이라 불러왔다. 유명한 상권이나 오피스 중심지가 아니라면 상층부까지 상업용으로 수요를 맞추지 못하기 때문에 상대적으로 수요가 풍부했던 주거로 임대하게 된 것이다.

하지만 시대가 변하면서 아래층에 상업 시설이 있는 건물은 주거용으로 비선호하게 되었고 더군다나, 건물의 30~40년 경과로 많이 노후되다 보니 주거를 하기에 열악해져서 상가주택에 있는 주택 층은 다른 층의 업무용도 보다 상당하게 낮은 금액으로 임대가 되고 있다.

강남을지병원 사거리 인근 1991년에 지어진 상가주택을 CF 감독이 매입하였는데 이 건물의 구성도 그러했다. 지하는 음악 스튜디오, 1층은 작은 상가 세 곳, 2~4층은 사무실, 5층은 주택으로 구성되어 있었는데, 계단을 걸어서 올라가야 하는 4층은 장기 공실이었고 5층 주택은 반월세 방식에 임대료를 아주 낮게 맞춰 주면서 겨우 임대를 하고 있었다. 건물의 자산 가격은 올라가고 있었지만 임대료 수준은 따라와 주지 못하는 것에 건물주는 아쉬움이 있었는데, 3층에 있던 사무실까지 만기가 되어 나가겠다고 하면서 나에게 도움을 요청해왔다.

이 건물은 전 소유자가 건물 외관을 리모델링한 것을 매입했기 때문에 현재로서 리모델링을 할 사항도 아니었고 건폐율을 모두 사용했기 때문에 건물의 외부에 승강기를 설치하는 증축도 가능하지 않았다. 이러한 상황에서 나는 건물에 최소한의 공사로 최대의 효과를 누릴 수 있는 방법을 모색하게 되었고, 주요 개선사항은 우선적으로 승강기가 없는 4층과 5층의 높이에 대한 심리적 부담감을 줄여주자는 것이었다.

그 결과, 3층과 4층을 내부 계단으로 연결시키고 거기에 5층까지 묶어 하나의 임대 상품으로 만들면서 옥상 공간을 단독으로 사용할 수 있게 해

①, ② 3~4층이 내부로 연결된 복층 아카데미 공간
③, ④ 낡은 주택에서 감성 있는 작업실로 변신한 5층
ⓒ 사무실풍경

주는 임대 전략의 솔루션을 제안했다. 부동산이지만 기존의 것과는 다른 신제품을 만들어 내는 관점으로 상품개발을 하는 것이었다. 이때, 임대 홍보를 하려면 내부 복층 공사가 선행되어야 했기에 건물주의 용기 있는 결단이 있어야 했고 변경 공사 실행 후 임대는 매우 성공적으로 체결되었다.

삼성 디자인학교로 유명한 SADI 출신의 젊은 S 대표가 '3~4층은 디자인 아카데미로 운영을 하고, 5층은 주택이었던 느낌을 최소화하여 제품 디자인 작업실로 사용하기로 하겠다' 하면서 상층부 3개 층을 통으로 임대차 체결을 하고 전용으로 사용할 수 있는 옥상은 덤으로 얻게 되었다.

S 대표는 오랫동안 이러한 상황이 충족되는 사무실을 찾아다녔지만 구할 수가 없어서 힘들었는데 이곳을 계약하게 되어서 너무나 만족스럽다고 했다. 회사가 필요로 하던 공간을 확보해서인지 아카데미 운영이 잘 되었고 이후에는 1층 상가 일부를 추가로 임대하면서 제품 및 디자인 전시장으로 사용하기까지 하였다.

승강기가 없던 상층부를 걸어서 올라다니기 불편하다는 핸디캡과 주거용과 사무용의 어정쩡한 혼재가 임대에 마이너스로 작용하면서 임대되기 어렵던 곳을, 복층이라는 독특한 구조를 제공함으로써 창의적인 장소가 되게 하고 주택으로 쓰던 곳에 주거의 색깔을 변형해 주면서 느낌 있는 작업실로 바뀌었다.

'낮은 수익률에 임대하는 것도 걱정이었던 건물의 상층부가 디자인 아카데미 다운 독특한 내부 복층 공간과 프리한 스타일의 작업실, 그리고 단독 루프탑이 있는 100평 사옥'으로 변신하게 된 것이다.

임대 공간의 사용 방법을 바꿔줌으로써 건물을 임차하는 주체가 달라지고, 이전에 문제가 되었던 핸디캡은 장점으로 승화되면서 임대 수익의 상승을 얻게 된 임대인과 사업적으로 성장을 하게 되는 임차인 모두에게 이익이 되는 임대 전략 사례로 소개한다.

전체공사 리모델링 레퍼런스, 최소 비용 투자로 최대 수익 증가를 이룬다

축적된 시간이 만들어 내는 감성이 있다. 새것보다 오래된 것의 축적된 느낌이 더 가치 있게 활용되게 하는 것이 리모델링이다.

    리모델링은 건물의 내부와 외부의 기능 향상과 사용 연수를 연장시키면서 건물의 경제적 효과를 높이는 것을 말하는데 이런 교과서적 개념을 시장에 맞도록 정의하자면 '사용 가치가 낮은 건물을 매력 있는 건물로 변화시킴으로써 수익과 자산 가치를 높이는 것'이라 할 수 있다.

  오래된 건물을 신축하지 않고 리모델링으로 결정하는 이유에는 여러 가지가 있다. 임대 중인 임차인 명도가 되지 않거나 반대로 공사 중 공실 손실을 원치 않아서 임차인을 그대로 두고 할 때, 현재의 건물이 일반주거지역 종 세분화[*] 이전에 건축을 해서 초과 용적률의 혜택을 얻고 있는데 새로운 건축 허가를 받으면 오히려 연면적이 줄어드는 때다. 이외에도 여러 가지 상황들이 있겠지만 무엇보다도 '신축하는 것에 비해 비용은 훨씬 적게 들이면서 신축에 준하게 임대 수익을 얻을 수 있겠다'라고 판단될 때 리모델링 방식을 결정할 것이다.

리모델링의 공사 범위는 방향적인 측면에서 '얼마나 많이 걷어내고 완전하게 새로운 것으로 만드느냐'와 '얼마나 많이 남기면서 새로운 느낌으로 만드느냐'의 두 가지로 볼 수 있겠다. 건물의 경과 연수, 현재의 구조와 기능에 따라서 결정할 수도 있겠지만 투자에서 중요한 판단 기준은 투자비 대비 수익의 변화 결과일 것이다. 특히, 리모델링은 공사의 규모나 구성에 따라 매우 큰 폭으로 시공비가 달라지기 때문에 범위와 구성을 결정하기 전에 향후 임대 수익에 대한 분석이 더욱 중요하다.

대변신 프로젝트에 주요한 단계 첫 번째는 시장에서 실제 체결될 수 있는 예상 임대료 산출이고 두 번째가 그 수익이 실현될 수 있는 매력적인 건물 콘셉트 구상과 기능적 구조를 결정하는 것이다. 그리고, 세 번째로 목표하는 예상 수익과 투입되는 비용의 균형을 맞추는 것이다.

참고로, 리모델링에서 정말 하지 말아야 할 것이 비용을 아끼려다 목표했던 수익에 훨씬 미치지 못 하는 임대 결과가 나오는 것이고, 그 반대로 적정 예상 수익에 투자비용 절감하고자 리모델링 방식을 선택했는데 결과적으로는 신축에 준하는 공사 비용이 들어가는 것이다.

경제학에서 최소비용 최대 효과의 원칙처럼 건물 투자 또한 비용은 덜

---

* **일반주거지역 종 세분화**
2003년 7월 1일에 무분별한 고층 개발로 인한 도시환경과 자연경관 파괴를 막기 위해 일반주거지역을 1, 2 ,3종으로 나누고 종별로 용적률을 달리 적용하게 하였다. 이전까지는 지역의 특성에 관계없이 일반주거지역으로 지정되어 획일적으로 300%까지 건축이 가능했기 때문에 현재 규정보다 초과된 용적률 혜택을 누리고 있는 건물들이 다수 있다.

ⓒ 네이버지도

들이고 수익 효과는 커지기를 원하며 그중에서도 리모델링은 그러한 목적성이 뚜렷한 투자 방식이다. 최소 비용이 실현되려면 불필요한 비용을 줄이는 원론적인 방법이 있겠지만 매우 효과적인 기법은 제조와 공급 방식의 변화이며 이러한 사례는 혁신적인 기업에서 배울 수 있는데, 세계 최대 가구 기업인 이케아는 소비자가 직접 배송을 하고 조립을 할 수 있도록 가구를 제조하고 공급하며 이러한 방식으로 제조원가를 낮추면서 제품의 질은 높인다.

부동산을 하나의 상품으로 본다면 제품을 만들고(리모델링) 사용자에게 제공하는 과정(임대차)에서 비용을 절감할 수 있도록 한다는 것이며, 리모델링할 때 공사 범위에 대한 선택이 다양하듯 임차사를 유치할 때에도 다양한 계약 방식의 협의가 가능하다. 일반적으로는 선 시공, 후 임대이지만 시공과 임대가 겹쳐지게 하는 방식으로 시공 비용을 절감할 수 있는 밸류애드 기법을 안내하겠다.

사례 1

노후된 상가주택을 트렌디한 근생 빌딩으로 리모델링한 논현동 건물

인테리어 업체를 임차인으로 유치하면서 임대인과 임차사가 윈윈하는 방식

공사 비용 대비 효과를 최대화하기 위해서 인테리어 시공 회사를 건물 통임대 임차사로 유치하면서 임대인과 임차인은 '임대차 계약과 리모델링 시공 계약'을 동시에 체결하였다. 임차사는 본 건물의 리모델링 공사를 직접 하기 때문에 본인들이 사용할 인테리어 공사비를 절감할 수 있었다. 또한, 직접 구상하고 시공한 건물에 입주를 하기 때문에 다른 리모델링 고객들에게 회사이자 실제 현장인 곳에서 브리핑하고 홍보할 수 있는 직접적인 사업적 이점을 가진다.

이처럼 임차사가 얻는 장점들로 인해 건물 리모델링 공사비를 30%나 낮게 계약하면서 임대인은 크게 비용을 줄일 수 있었고, 덤으로 얻게 된 가치는 향후 다시 임대할 때 임차인들이 선호하는 감각 있는 인테리어로 내부 공사까지 해놓은 것이었다.

ⓒ 네이버지도

> 사례 2

수익 낮은 오래된 다가구 주택을 상업용으로 리모델링한 신사동 건물
통임대로 베이커리 카페를 유치하면서 서로의 공사비를 셰어하는 임대 계약

    다가구주택은 빌딩처럼 기둥 구조가 아니라 방이나 거실을 분리하고 있는 벽이 기둥이 되는 내력벽 구조여서 넓은 공간 구획이 필요한 상업 시설로 사용하려면 벽체를 철거하고 H 빔으로 보강을 해야 한다. 벽을 철거하고 철재 빔 기둥을 세워야 하는 공사이기에 자재도 고가이고 시공 난이도 또한 높다 보니 공사 비용이 많이 들게 되는데, 이를 상쇄할 수 있는 임대 기법이 들어올 임차사와 건물주가 건물의 리모델링 공사비를 셰어하는 것이다.

ⓒ 네이버지도

    이 사례 건물에는 베이커리 카페를 유치하면서 임대인은 건물 구조 변경 공사 비용을 부담하고, 창호 확장과 교체 및 내부 인테리어 공사는 임차사가 부담하기로 하였다. 이곳에 입점한 'D' 베이커리 카페는 이 건물 입주 후 유명해지면서 백화점에까지 진출하는 체인 사업으로 크게 성장하게 되었다.

> 사례 3

신축한 지 38년 된 단독주택을 상업용으로 용도변경하고 임차인이 리모델링한 논현동 건물
통임대로 리모델링 전권을 주는 광고 회사 사옥 계약

    단독주택을 리모델링하는 것은 임대인으로서 어려운 결정이다. 지상

▼

ⓒ 네이버지도

2개 층 면적으로는 투입하는 공사 비용을 임대료로 회수하는데 오랜 기간이 소요되기 때문이다. 최소 4~5개 층 이상의 건물 리모델링 수익 분석과는 투자 결정 방식이 완전히 다르기 때문에 임대인은 최소한의 비용만을 들이거나 가급적 비용을 투입하지 않는 방식을 찾게 된다.

임대인에게 아까운 비용을 임차인이 대신 낸다는 것에 이해가 잘 안되겠지만, 그것이 가능한 이유는 임대인은 임대료 회수 관점으로 보는 것을 임차사는 사업 비용으로 판단하는 개념 차이 때문이다. 회사가 매출을 늘리기 위해서 사업적으로 여러 비용을 투입하는데 사옥으로 장기 임차할 경우 리모델링 공사에 투입되는 비용을 사용할 연수로 나누어 계산해 보면 부담되지 않은 금액일 수 있는 것이다.

이 사례는 임대인이 광고 회사에 임대하면서 임차 회사가 마음대로 건물을 변경할 수 있도록 모든 공사에 동의를 해주었다. 건물 외관 전체를 블랙으로 페인팅하였고 정원이 있었던 곳은 전부 주차장이 되었으며 건물 내부는 편집실이나 작업실, 미팅룸 등 광고 회사가 필요한 구조대로 벽을 해체하고 H 빔을 보강하면서 완전히 다른 공간으로 변형하였다. 총공사비 3억 원이라는 큰 자금이 투입되었지만 임차사에게는 결코 매몰되는 비용이 아니었다. 광고 회사의 아이덴티티가 흠뻑 묻어나는 독창적인 사옥 효과 덕분에 광고 한편 더 수주하면 매출 3~4억 원이 증가되기에 광고 회사에게 리모델링 비용은 공사비가 아니라 마케팅 비용이 되는 것이었다.

이 건물은 7년 장기 계약에 최초 3년간 임대료는 동결하고, 3년이 되는 시점부터 2년마다 정한 비율만큼 임대료를 인상하는 조건으로 임대차 계약을 체결하였다. 임차인의 사업 투자로 인해 임대인은 주택에서 사무실

수익형 건물로 변환되는 가치를 얻게 되었고 임차를 한 M 광고 회사는 보장받은 긴 기간 동안 사옥 건물을 마음껏 사업에 활용하면서 이윤을 창출하게 되었다.

8장

신축개발_
감각이 자본이 되고 수익의 차원이
달라지게 하는 신축기획

나는 건물을 사지 않기로 했다.
짓기로 했다!

건물주가 되기를 원해 대부분은 건물을 사는데, 건물주가 되는 방법으로는 짓는 것도 있다. 사는 것보다 짓는 것이 어렵긴 하지만 다 그만한 보상을 얻는데 그 보상이 생각보다 크다.

건물을 신축하는 결정은 기존의 건물이 너무 낡아서가 아니라 현재 건물로는 수익적으로 비효용적이어서이다. 투입되는 비용 이상으로 수익적 가치가 실현될 수 있다면 현재 건물의 낡음 정도가 덜하다 하더라도 투자적 관점에서 현명하게 선택할 수 있어야 한다. 철거 후 건축물이 없는 토지를 나대지라고 하는데 나대지는 미래가치가 반영되기 전의 주식과도 같다. 신축될 건물에 따라서 상승할 변동성이 풍부하게 내재되어 있기 때문이고 편하게 표현하면 '올라갈 일만 남았다'라고 할 수 있겠다.

투자 고객 중에서 큰 병원의 원장님이 있는데 강남지역에 건물 투자를 하고 싶어 하셨고 투자수익률의 크기에 상당히 비중을 두는 성향이었다. 전반적인 빌딩 투자의 종류와 방향에 대한 설명을 마치면서 기존 건물을 사서 보유하는 것보다 직접 신축할 수 있는 부지를 찾는 것으로 하였고, 결정의 이유는 '과정이 조금 힘들더라도 같은 기간에 이왕이면 더 많이 남을 수 있는 투자 방법을 선택하겠습니다.'였다.

건물 투자로 신축을 하는 것은 처음이라서 걱정도 했지만 수익 결과를 중시하는 관점에서는 당연한 결정이었다. 일반 투자자들은 건물을 사서 '임대수익'과 향후에 '매각차익'을 얻게 되고 개발 회사들은 건물을 짓고 팔면서 '개발이익'을 얻게 되는데 일반 투자가가 신축하는 투자를 하게 되면 이 세 가지 이익 모두를 얻을 수 있기 때문이다.

여러 후보 부지 중에서 역삼역과 강남역 사이에 위치한 100평 초반의 신축부지를 매입하였다. 다가구 주택을 철거하고 오피스 건물을 신축했을 때 테헤란로에 인접해 있어서 통임대로 입주할 임차 회사 확보가 용이할 것으로 판단되었고, 그로 인한 자산 가치의 증가가 매우 클 것으로 예상되었다.

사업체로 비유하자면 사업 기반은 매우 훌륭한데 성장 동력이 최저로 떨어져 있던 회사를 매입해서 과감한 사업 종목 변경과 생산라인 신설을 통해 최상의 생산력을 발휘하는 회사로 만들어 내는 것과 같다. 부가가치 높은 회사로 탈바꿈하게 되면 주가는 당연히 상승하게 될 것이다. 사실, 회사를 매입해서 이렇게 변신시키는 것은 상당한 전문성을 요구하는 일이겠지만 건물 투자에서는 그렇게 어려운 일이 아니다.

신축 투자는 '부지 매입, 설계 및 시공사 선정, 임차인 확보'를 하는 3단계의 과정과 '사업 자금 계획 및 기간 관리'로 이루어진다.

1단계 부지 매입

부지를 선정하기 전에 기본적으로 수익성이 먼저 검토되어야 하는데 기본이라 말하는 것은 가장 중요해서이다. 토지가 위치한 지역과 입지는 수익에 많은 영향을 끼치기 때문에 지역에 따르는 건축물 용도 적합성을 검토하고 개발 후 실현될 임대수익에 의한 자산 가치 상승분을 예상하면서 부지 매입을 결정하여야 한다.

2단계 설계 및 시공사 선정

실력 있는 건축사를 섭외할 때 선정 포인트는 감각적인 중소형 빌딩 설계 경험과 레퍼런스를 확인하는 것이다. 그리고 건축 허가를 득하고 실시설계가 완성되면 시공사를 선정하게 되는데 세 군데 정도 후보가 입찰하는 방식을 통해 결정하기를 권장한다. 이때, 회사의 안정도와 시공비 적정성이 우선적 기준이겠지만 설계사 선정 포인트처럼 감각적이고 디테일한 건물이 나올 수 있는 시공 능력과 경험이 매우 중요하다.

3단계 임차인 확보

앞서 있는 단계들은 모두 임대를 잘하기 위해서 거치는 과정이다. 여기서 '임대를 잘한다'의 의미는 가급적 높은 금액에, 가급적 빠르게 임대되게 하는 것이다. 이것이 실현되기 위해서는 부지를 매입하기 전 지역분석이 중요하고 설계를 할 때 임대 전략을 건물에 반영해야 한다. 즉, 1, 2단계를 잘 해놓을수록 3단계는 쉽게 실행될 수 있다는 것이다.

위 3단계가 핵심이 되는 과정이라면 전체 사업 기간 관리와 사업 자금 계획을 세우는 것은 프로젝트의 뼈대라고 할 수 있다.

사업 기간 관리

건물을 신축하는 데에는 '설계 및 인허가에 소요되는 기간'과 '건축물을 시공하는 기간'으로 이루어진다. 설계는 디자인 결정, 도면 작성, 인허가 과정이 있는데 짧게는 4~5개월 정도이고 여유 있게 하려면 6개월 이상으로 잡는 것이 좋기는 하다. 건축물을 만들어 내는 시공 기간은 지하층의 규모와 건축물의 구조 및 외장 재료에 따라서 차이가 많이 나게 되는데 중소형 빌딩의 경우 11~13개월 정도로 보면 된다.

참고로, 낡은 건물을 매입해서 신축하게 될 때에는 매매 계약을 맺은 후 잔금을 치르기 전까지 설계와 건축 허가를 마쳐 놓는 것이 아주 실리적이다. 기간을 줄인다는 것은 대출 이자는 줄이면서 임대료 수입은 앞당기는 두 가지의 효과를 얻기 때문이다.

사업 자금 계획

건물 신축에 투입되는 비용에는 시공비, 설계비, 감리비가 있고 측량비용과 몇 가지의 부담금 등이 있다. 가장 큰 비중을 차지하는 시공비를 결정할 때에는 시공사를 정해놓고 금액을 결정해 나가는 수의계약 방식보다 몇 곳의 회사가 입찰을 하고 비교해서 선택을 하게 되는 경쟁계약 방식을 권장한다.

시공비는 대부분의 건축주가 대출을 활용하는데 '기성고' 방식으로 하게 되면 시공한 만큼 은행에서 지급하기 때문에 건축주가 잘 몰라서 초과 지급하게 되는 위험을 예방할 수 있다.

이러한 과정들이 쉽지는 않겠지만 개발 회사가 수익을 목적으로 하듯이 우리 또한 개발로 인한 추가 수익을 누리기 위해서 노력을 들이자는 것이다. 분명한 것은 건축주가 설계와 건축에 전문지식이 있어야 하는 것이 아니라 시장에서 선호하는 건물로 실행될 수 있게 하는 전문가를 알아볼 수 있는 안목만 있으면 된다. '전문적인 지식보다는 전반적인 감각이 더 중요하다'는 것이다.

다음 사진은 IT 회사들이 가장 선호하는 테헤란로 인접 지역에 있던 다가구 주택을 오피스 사옥 건물로 변환하게 되는 철거 과정과 신축 조감도이다. 다시 강조하는데, 건물을 신축하는 것은 훌륭한 기반 시설에 비해 성장 동력이 최저로 떨어져 있던 회사를 사업의 주된 종목을 변경하고 새로운 생산라인을 갖추면서 최상의 부가가치를 만들어 내도록 하는 의미와 같다.

① ②
③ ④

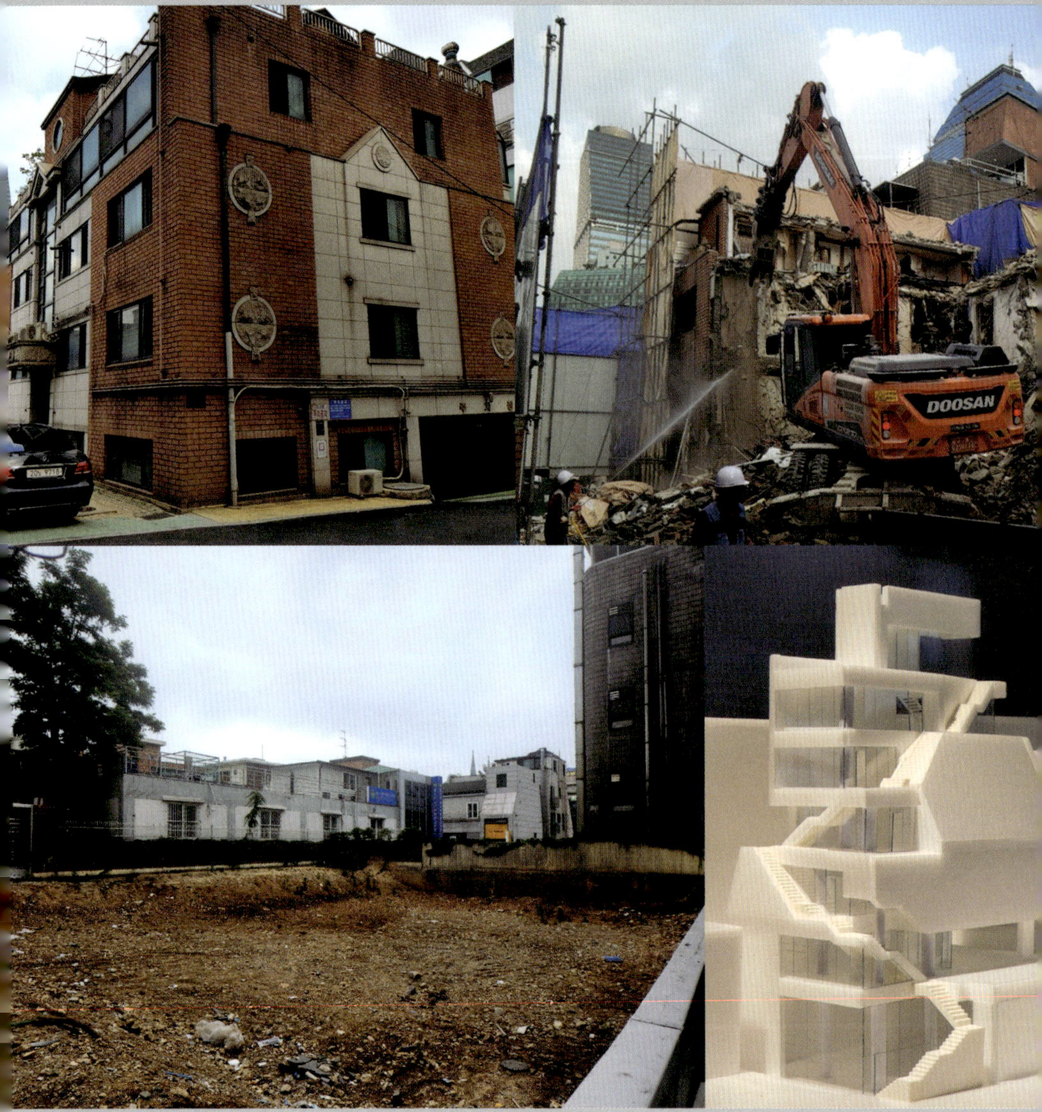

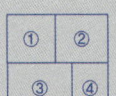

❶ 다가구 주택 상태
❷ 건물 철거 중
❸ 나대지 상태
❹ 오피스 사옥 전용 조감도
ⓒ 인퍼티

신축은 이익을 증가시키고,
신축기획은 이익을 초과시킨다

보편적 이익 : 사두면 지가 상승으로 인해서 누구나 얻게 되는 이익
개발상승 이익 : 리모델링, 신축 등 개발을 통해서 증가 되는 이익
신축기획 이익 : 개발 이익에 기획이 더해지면 추가되는 초과 이익

신축기획이란, "신축될 건물의 가치가 임계점에 닿을 수 있도록 건물의 깊이와 각층의 높이, 가시성과 개방성, 선큰, 발코니, 루프탑, 조망 등을 어떻게 더하고 빼는지에 따라서 변동되는 예상되는 수익을 산출하고 이에 결정되는 사항을 건물 설계에 반영되도록 하는 것"이다.

신축기획이라는 말은 빌딩 시장에 아직 일반화되어 있지 않아서 생소하게 들리겠지만, 이것은 '중소형 빌딩 투자 가치 극대화'를 완성시키는 데 필수적인 조건이다. 나는 오랫동안 고객의 투자 가치를 극대화하기 위해서 중소형 빌딩 신축 기획 컨설팅을 제공해왔다. 신축 컨설팅을 하면서 여러 사례에서 제공했던 기획안들을 두 편으로 나누어 설명하고 용어의 의미를 각각 정의하겠다.

일반적으로 알고 있는 중소형 빌딩 이익 상승 요인은 크게 두 가지가 있다. '사두면 지가 상승으로 인해서 누구나 얻게 되는 보편적 상승 이익'과 '리모델링이나 신축을 함으로써 얻게 되는 개발 이익'이 있는데 대부분 알지 못하고 있는 한 단계가 더 있다. 그것은 수익이 증가되는 요소들을 신축을 하기 전에 미리 설계에 반영함으로써 추가되는 기획 이익인데, 나는 신축기획까지 반영되어 실현되는 수익을 중소형 빌딩 투자의 임계점이라고 말한다.

아파트 재건축에서는 초과 이익 환수제로 인해서 개발로 인한 이익 중에서 상당한 금액이 환수되어야 하지만 중소형 빌딩에서 개발로 발생되는 초과 이익은 오롯이 나의 몫으로 남는다.

신축기획은 건물의 콘셉트와 구조 등을 설계를 통해 정할 때 여러 논의와 결정에 참여를 하게 되고, 건축하는 중에도 시장의 상황에 따라서 수익에 도움이 될 정보가 건물에 반영될 수 있도록 한다. 신축 건물을 임대하거나 매입해서 사용할 사용자들은 건물 시공의 우수성에 따라서 더 높은 비용을 지불할 것인지 결정하는 것보다는 건물의 내외부에서 내가 사용할 공간의 활용도와 머무르고 싶은 매력도에 따라서 임대료 또는 매입 비용의 적정성을 판단하고 결정을 하게 되는데 이러한 수요자의 선호도를 건물에 반영하면서 설계할 수 있도록 하는 것이다.

시공이 건물을 만드는 일이라면 설계와 신축기획 컨설팅의 협업은 건물의 이미지와 퀄리티를 더 높이고 사용 가치를 확장시키는 것으로써 감각적인 설계와 똑똑한 신축기획이 만났을 때 빌딩은 가장 이상적인 가치를 창출해낸다.

대부분의 사람들이 보기에 좋고 활용도 높은 제품을 선호한다. 개인들이 그러하듯이 회사들도 외관 좋은 건물과 활용도 높은 업무공간을 선호하고, 품질 좋은 제품이 더 높은 가격을 받듯이 품질 좋은 업무공간이 더 높은 임대료를 받는다. 같은 지역이라도 건물의 품질에 따라서 시장가격이 달라지는 것이다. 품질을 높이려면 비싼 자재를 사용해서 건축하는 경우도 있겠지만 그런 방법을 말하는 것이 아니라 수요자들이 선호하는 건물의 디자인과 활용성 높은 공간을 다양하게 제공하는 것으로써 건물의 질을 높여줄 수 있다는 것이다.

건물의 디자인

중소형 빌딩에서 외관의 중요성은 백 번을 강조해도 과하지 않다. '빌딩에 임차하는 회사들이 건물을 선택할 때 무엇을 중요하게 보는 것일까'를 이해하려면 내가 자동차를 사게 될 때를 생각해 보면 가장 쉽게 이해가 될 수 있다. 자동차를 고를 때 사람들은 금액대를 먼저 생각한 후 디자인과 성능, 그리고 내부 공간을 비교하면서 가장 마음에 드는 자동차를 선택하게 된다. 건물도 똑같다. 외관에서 느끼는 이미지와 면적의 크기, 그리고 공간 활용도를 비교하면서 제일 마음에 드는 건물을 선택하게 되는 것이다.

나는 '중소형 빌딩의 오피스 임대료 영향요인에 관한 연구' 논문*을 통

---

* '중소형 빌딩의 오피스 임대료 영향요인에 관한 연구_ 하재구'
　논문 : 한양대학교부동산대학원, 제공 : 국회도서관, 한국교육학술정보원

강남역 | (위) 인근 빌딩 대비 30% 높게 임대
학동역 | (아래) 인근 빌딩 대비 30% 높게 임대

해 오피스의 임대료를 결정하게 되는 여러 가지 요인 중에서 외관 디자인의 중요성에 대해 학술적으로 증명하였다. 논문에서 주요한 결론은 건물의 외관 디자인이 오피스 임대료에 미치는 영향으로 유의미하다는 것을 증명하였고 특히, 10개의 영향 요인(총층수, 연면적, 전철역 거리, 접도로 너비, 건물 연수, 주차 대수, 승강기 유무, 상업지역 위치 유무, 공시지가, 외관 디자인 등급) 중에서 가장 영향력이 크다는 것을 통계학적으로 검증한 바가 있다.

건물의 확장성

용적률이라는 규제로 인해 건물의 지상층 면적은 상한이 정해져 있는데, 그럼에도 불구하고 건물에서 확장하는 것이 가능하다. 층고를 높이게 되면 바닥 면적은 같다 하더라도 공간의 부피가 늘어나기 때문에 가용할 수 있는 공간이 확장되고 내부에서 외부로 이어지는 발코니는 걸어 다닐 수 있는 곳과 앉을 수 있는 곳이 늘어나는 것이기 때문에 평면이 확장된다. 또한, 지하층에는 용적률, 건폐율, 사선제한 모두 적용받지 않기 때문에 확장의 자율성이 가장 높으며, 층고를 비롯해서 건물에서 한 바닥의 면적을 가장 넓게 할 수 있는 곳이기 때문에 지하층을 얼마나 활용성 높게 구성하느냐는 건물의 수익적 측면에서 매우 중요하다.

경제성장률이 높았던 예전에는 건물의 공급보다 수요가 풍부해서 상품성을 높이는 데 노력을 들이지 않아도 수익 실현이 되었지만, 지금과 같은 경쟁 시대에서는 공급＋공간 서비스가 제공되어야 한다. 그래도 다행인 것은 높여진 상품성만큼 투자 대비 수익도 높아지게 된다.

건물 또한 소비재이기에 소비자가 더 선호하는 건물을 만들어야 하고,

건축 설계 + 신축 기획

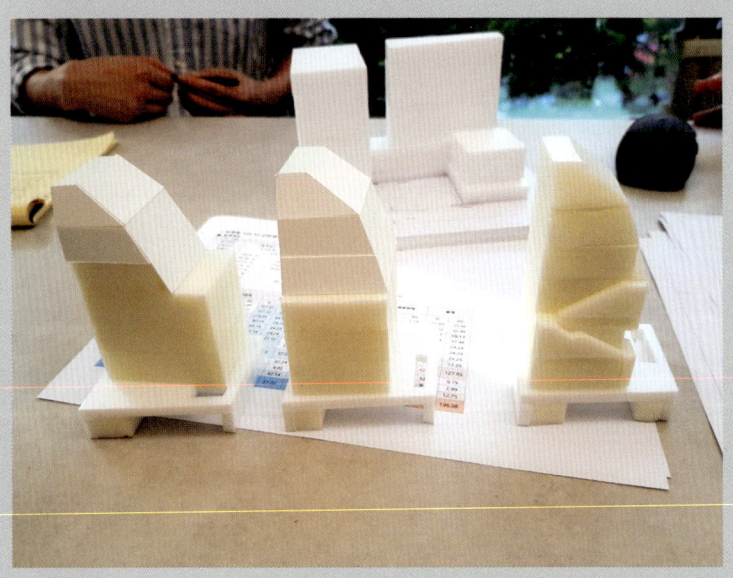

건물 디자인 + 유형별 수익분석

더 선호하는 것의 상품 가치는 수익과 자본의 형태로 투자자에게 귀속된다. '건축한 후에는 되돌릴 수 없기 때문에 신축할 때에는 계획 단계부터 전략적 기획의 반영이 반드시 필요하다'라는 것을 다시 한번 강조한다.

시세를 뛰어넘는 건물에 쓰이는
신축 기획 첨가제 6가지

빌딩 시장의 패러다임이 '바닥 면적 제공'에서 '질적 공간 조성'으로 변하고 있다. 퀄리티 높은 오피스에 대한 수요는 계속 증가할 것이고, 이 흐름에 맞는 건물을 만들면 더 비싸게 파는 이점과 더 빨리 팔리는 장점을 얻을 수 있는데 신축 기획은 그것을 가능케 하는 마법이다.

요즘은 건축 설계 계획안 자동 생성 IT 기술의 발전으로 토지를 매입하기 전이나 건축을 결정하기 전에 미리 건물의 규모나 배치 등을 확인해 볼 수 있는 랜드북이나 빌드잇과 같은 건축 솔루션 서비스가 있다. 해당 토지에 적용되어 있는 법적 기준에 따라 예상되는 건물의 규모를 형상화해주고 주변 거래 시세를 반영해서 투자성을 제시해 주고 있는데, 예전에는 생각하지도 못했던 첨단 기술인 것은 맞지만 중소형 빌딩 투자에서는 입력되어 있는 공식에 의한 건물 시뮬레이션과 시세 분석만으로 좋은 투자 효과를 기대하기 어렵다.

 더 나은 투자 성과를 만들어 주는 신축 기획의 과정은 용적률, 건폐율, 일조권 규제에 맞는 건물의 기본 구조에 입지와 경사, 주변 여건, 그리고 해당 지역 수요 상황 등을 고려하면서 빌딩의 가치 증가를 위해 디벨롭 해 나가는 것이다. 이때 어떠한 재료들을 투입해야 하는지와 그 의미와 효과에 대해서 하나씩 설명해 보겠다.

층고 : 건축물 층의 높이

건물의 임대료는 평당 임대료에 바닥 면적을 곱해서 산출하기 때문에 평면의 넓이를 중요하게 생각해왔다. 하지만, 임대료의 결과는 두 가지 숫자를 곱해서 나오는 것이기 때문에 면적 숫자만 생각할 것이 아니라 평당 임대료 크기 또한 놓치지 말아야 한다.

평당 임대료 결정에는 내부의 높이도 영향을 주고 있는데, 층고가 높은 만큼 개방감이 좋고 공간의 활용도가 높아져서 대부분의 사람들이 높은 실내 공간을 선호한다. 더 선호한다는 것은 더 가치가 있는 것과 같으므로 높이의 차이가 가치의 차이가 되는 것이다.

지금의 임대시장에서는 층고가 높은 곳에 낮은 곳보다 더 높은 임대료를 적용하고 있으며 공실률은 더 낮다. 그렇기 때문에, 이전에는 바닥 면적만으로 가치를 판단했다면 이제는 공간의 부피로 가치를 이해하는 것이 더 정확하다.

개방감 : 공간이 개방된 느낌
가시성 : 눈에 띄는 정도

건물 내부에 있는 사용자가 느끼는 정도는 개방감이고 건물의 외부에 있는 사람에게 건물이 보이는 정도는 가시성이라 하는데, 내부에서 가져지는 공간 여유나 시선 개방감도 중요할 것이고 업종에 따라서는 외부에서 눈에 잘 띄는 가시성도 필요하다고 생각한다. 도로변이 아닌 이면 도로에 짓게 되는 근린시설 건물들의 경우 개방감과 가시성을 잘 고려하지 않게 되는데 직접 활용하는 임차인 입장에서 생각해 보면 사용 가치를 올릴 수 있는 요소라는 것을 알 수 있다. 건물 사용자가 누릴 수 있는 개방감을 좋게 만들고, 클라이언트나 외부인에게는 시각적으로 홍보가 되도록 가시성을 높일 수 있는 것을 설계에 반영할 필요가 있다.

조망 : 먼 곳을 바라봄 또는 그런 경치

부동산에서 예전과 크게 달라진 것 중 하나가 조망에 대한 선호 현상이다. 이해하기 쉽게 아파트의 예를 들면, 반포부터 압구정까지 한강변에 있는 오래된 아파트들은 남쪽에 거실을 두고 한강이 보이는 북쪽으로는 작은 주방 창을 두고 있다. 지금은 이해가 안 되지만 그때는 강을 보는 것보다 햇볕 잘 드는 것을 더 중요하게 생각했기 때문이다. 하지만 최근 재건축을 진행한 아파트들을 보면 북향집이 되더라도 강이 더 보일 수 있도록 거실과 방, 테라스 등을 한강 방향으로 배치하고 있다.

강을 바라보는 뷰가 아니더라도 조망의 종류는 다양하다. 하늘이 보이고, 공원이 보이고, 빌딩들이 보이고, 큰 대로가 보이는 것에도 우리는 조망이 좋다고 하는 것을 보면 조망권이라는 것은 뷰의 대상을 구분 짓기보다 탁 트인 시야 그 자체를 희망한다는 것이 맞겠다.

건물 임대에서도 조망 좋은 층이 인기가 높은 것은 당연하기에 건축 후에 탁 트이게 될 곳으로 창과 발코니를 개방감 있게 만드는 것이 매우 중

(위) 최대 개방감을 고려한 기획의 조망 효과
(아래) 지하층의 환기와 채광 효과에 더해진 아늑한 느낌

요하다. 다만, 주의해야 할 것은 무턱대고 창을 내다가 잘 짓고 난 후에 구청의 행정 지시로 차면 시설을 설치해야 할 수도 있기 때문에 옆 건물과의 창 마주침 등을 고려하면서 내 건물에 조망이 확보될 수 있도록 해야 한다.

선큰 : 지하나 지하로 통하는 개방된 공간

지하층의 지상부와의 큰 차이는 자연채광이 없고 환기가 잘되지 않는다는 것인데 그러한 단점을 가장 자연스럽게 해결해 주는 것이 선큰이다. 선큰은 지상과 지하를 연결해 주는 아주 큰 통창이자 정원과 같은 공간이다. 햇빛이 들어오고 바람은 통하면서 앉아서 휴식할 수 있는 공간을 제공하기 때문에 선큰은 지하층의 임차를 결정할 때 매우 중요한 요소가 된다.

이렇게 활용성 좋은 선큰을 기획할 때에는 위치 선정에 많은 고민을 해야 한다. 건물 현관과 주차장 배치에 맞추면서 채광과 환기가 잘될 수 있는 위치를 고려해야 하고 건물의 외관에도 플러스 효과가 될 수 있도록 종합적으로 구상하면서 결정해야 한다.

발코니 : 건물의 내부와 외부를 연결하는 공간

발코니, 테라스, 베란다는 각각 정의하는 바가 다른데 세 단어의 차이를 설명하는 것은 생략하고 일반적으로 건물에서 볼 수 있는 야외 공간을 편의상 발코니라고 하겠다. 일조권 제한으로 상층부 층이 줄어들기 때문에 부득이 발생하게 되는 4층과 5층 발코니도 있겠지만, 사용자의 활용 공간을 늘리기 위해서 의도적으로 만들어 내는 발코니도 있다. 이렇게 만들어

(위) 산 조망과 서비스 4층 발코니
(아래) 건물 후면에 확보한 서비스 1층 마당
ⓒ 인퍼티

진 야외 공간은 또 다른 조망을 제공하고 개방감을 만들어 내며 외부에서 봤을 때 차별화되는 독창적인 외관을 제공한다. 요즘은 야외에 테이블이 비치된 장소를 선호하는 경향이 강해서 상층부는 물론이고 1층의 전면, 측면, 후면 등에 외부 활용 공간을 만들어 주는 것이 1층 임대료에 상당한 영향을 주게 된다.

루프탑 : 건물 가장 위의 평평한 공간

옥상의 변신은 무죄라는 말로 시작하고 싶다. 루프탑의 활용법은 정말 천차만별이고 대세적인 흐름이다. 천장도 벽체도 없는 평평한 슬라브만 있는 곳인데 그곳은 카페도 되고, 와인바도 되며 이벤트 장소로도 쓰이는 등 아주 다양하게 활용이 되고 있다. 오피스가 있는 빌딩의 루프탑은 전망 좋은 휴식 장소가 되어 있고 홍보 행사를 할 수 있는 파티 장소가 되기도 한다.

빌딩의 실내 공간에서 평면의 확장으로 연결되어 있는 외부공간들은 건물에 상주하는 사람들에게 휴식의 공간으로써 여유로움과 에너지를 제공해 주고 있다. 이 모든 것들이 임차로 입주해 있는 회사가 건물을 사용하는 데 있어서 활용 가치를 높여주는 것이다.

중소형 빌딩에서 가장 많은 임차 목적은 오피스로 사용하는 것이다. 회사의 매출 수준이 높아지면서 사람들은 더 나은 업무공간을 원하고 있고 앞으로도 퀄리티 높은 오피스에 대한 수요는 계속해서 증가할 것이다. 수요가 변하면 공급도 변해야 하기에 건물 임대가 바닥 면적을 제공하는 개념을 넘어서서 질적 공간을 조성해 주는 것으로 진화해야 한다. 그것이 신축 기획이 필요한 이유이자 신축 기획이 주는 이점이다.

강남 논현동 | 엔터테인먼트 사옥
루프탑의 낮과 밤 전경
ⓒ 인퍼티

IV.
더 남은 수익 실현

9장

매각전략_
매각이득은 임대수익보다
훨씬 크다

건물의 가치와 가격, 어떻게 평가되고 산출되는지 알고 해야 더 남긴다

건물은 수익률과 환원율이라는 항목을 지역과 금리에 따라 다르게 적용하면서 가격을 결정하게 되는데, 이 원리를 이해하는 것은 매각 또는 매입 시 투자 수익 결과에 큰 영향을 끼친다.

내가 아는 투자를 하려면 입지와 지역을 선별하는 안목과 임차인이 선호하는 건물에 대한 공감과 건물 가치 평가에 대한 이해가 있어야 한다. 남들보다 더 남는 투자를 위해 밸류 애드를 할 때 차후에 실현할 목표가를 산출하고 그것이 시장에서 실현 가능한지를 검토할 줄 안다면 매우 도움이 된다. 그러려면 건물의 매매가격은 어떤 요인과 기준에 의해서 결정이 되는지를 먼저 알아야 할 것이다.

빌딩 투자 관련 책들을 보면 대부분 감정평가의 3방식(원가방식, 수익방식, 비교방식)에 대해서 여러 가지 설명을 하고 있지만 사실 실무에서는 거의 임대수익에 의한 수익환원법이 주로 활용되고 있다.

중소형 빌딩은 매도인이 매도 희망가를 제시하면서 시장에 내놓게 되는데, 객관적인 가치 평가는 매수인이 매입할 의사가 있는 기대수익률에 충족되거나 근사치가 되는 금액이 된다. 은행 금리나 부동산 시장 상황에 따라서 기대수익률 수치가 형성되고, 이 수익률을 자본환원율이라고 하면서 수식에 넣고 빌딩의 가치를 산출해낸다.

> **Value-up**
>
> **빌딩 가치(가격)** = {(월 임대료×12) ÷ 자본환원율} + 임대보증금
>
> 예를 들어, 임대보증금 3억 원에 월 임대료 2천만 원을 받고 있는 A 빌딩이 있다. 현재 그 지역의 자본환원율이 3.4%로 형성될 때 A 빌딩의 시장 가치는 약 73억 5천만 원으로 산출된다.
>
> 약 7,350,000,000 = {(20,000,000×12) ÷ 3.4%} + 300,000,000

매도인은 임대수익에 기반해서 매도가를 산출하고 매수인은 투입하는 자본 대비 얻게 되는 기대 수익률 관점에서 검토하면 된다. 두 수식의 본질은 같지만 입장의 차이에 따라서 가치를 산출하느냐 수익을 산출하느냐의 관점 차이로 구분되는 것을 알 수 있다.

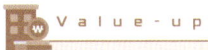

기대 수익률 = {연 임대 소득 ÷ (빌딩 매입가 − 임대보증금)} × 100

예를 들어, 매수인이 희망하는 지역에서 B 빌딩을 95억 원에 매입할 때, 임대보증금 5억 원에 월 임대료 3천만 원을 받을 수 있다고 하면 기대 수익률은 4%가 된다.

4 = {360,000,000 ÷ (9,500,000,000 − 500,000,000)} × 100

위 수식처럼 빌딩의 가격은 두 가지 정보에 의해서 결정되는데 바로 빌딩에서 발생하는 임대수익과 자본환원율이다. 이때, 임대수익은 빌딩에 따라서 필요경비는 제하고 순수익을 입력하기도 하지만 비용을 제하지 않고 관리비까지 포함해서 입금되는 전체 수익을 그대로 적용하는 경우도 많다. 그렇기 때문에 수익 환원 방식에서는 지출되는 비용 등을 제하고 실질 임대수익으로 판단해 보는 것이 정확하다.

> "건물의 시장가격을 결정짓는 자본 환원율은 금리에 따라서 변동되고 지역에 따라서 다르게 형성되어 차등 적용된다."

주요하게 사용되는 자본환원율은 고정되어 있지 않고 부동산 가격의 변화나 대출 금리 등에 따라서 변동이 있게 되며, 지역에 따라서도 편차가 있다. 강남 지역의 자본환원율이 가장 낮고 핵심지역에서 멀어질수록 자본환원율이 높아지는 경향이 짙다.

그 이유는 건물이 위치한 곳에 따라서 지가의 상승 폭이 달라지기 때문에 강남권은 운용 수익률은 비교적 낮아도 매각 차익의 기대가 크고, 외곽으로 갈수록 매각 차익의 기대는 높지 않은 대신에 보유하면서 얻게 되는 임대수익이 많기를 기대하게 됨으로써 적용하는 자본환원율도 다르게 형성이 된다.

이렇게 기대수익률이 차등 적용되는 것은 건물을 매각할 때 환금성과도 연관이 있다. 자본 가치 상승의 기대가 큰 지역은 그만큼 매수 수요가 풍부하다는 것이기 때문에 환금성이 높은 곳으로 보면 되고, 보유하면서 임대수익이 높은 지역은 상대적으로 환금성이 약한 곳이라고 인식하면 될 것이다.

> "부동산 가격이 상승하면 자본 환원율이 낮아지고
> 부동산 가격이 하락하면 환원율은 높아지는데
> 이것은 매도 우위, 매수 우위 상황에 따라서 변동되는 것이다."

부동산 상승기에 매도인은 가격 상승에 대한 기대가 있기 때문에 매도 희망가를 올리면서 자본 환원율은 내려가는 추세가 되고, 부동산 하락기에는 매수인 입장에서 더 낮아지는 가격에 대한 기대를 가지기 때문에 반대로 움직이는 기대수익률이 높아지게 된다.

매물을 걷어 들이거나 매매가격을 인상하는 등 매도인의 변심이 염려되는 상승기에는 매수인이 기대하는 임대수익에 미치지 못하는 건물들이 많이 있다. 그럼에도 매입을 결정하게 되는 것은 당장의 수익률은 아쉽지만 장래에 부동산 가격 상승으로 얻게 될 자본이득의 기대감이 있기 때문이다.

이와는 다르게 매수하는 사람의 매입 결정이 중요시되는 부동산 불황기에는 시장의 특성상 매물들이 많이 적체되면서 매수인들은 선택의 폭이 넓어지게 된다. 이 시기에 예비 매수인은 여러 건물에 임대 수익률을 비교하면서 투자 대비 현재 얻을 수 있는 가치에 대해서 신중하게 검토하게 된다.

위의 내용처럼 건물의 가격은 여러 요소와 상황에 맞춰가면서 산출된다. 대형 빌딩을 매각할 때에는 자산운용사나 자산관리회사가 건물 운영에 소요되는 유지 관리비를 제외한 임대 순수익에 기반하여 투자수익률을 제시하고, 중소형 빌딩의 경우에는 대부분이 필요경비 등을 분리하지 않은 총 수익을 적용하여 투자수익률을 제시하고 있는 차이에 유의해야 한다.

그래서, 매수 여부를 검토할 정도의 중요한 단계에서는 건물에 지출되고 있는 주기적 비용을 확인해야 할 것이고, 건물이 노후된 정도나 운영하고 있는 방식에 따라서 유지 관리비의 차이가 클 수도 있다는 점까지 인지하면서 매입 결정을 하는 것이 현명하다.

보유할 기간에 신축을 해서, 한번 더 이익 실현하는 투자의 프로_ 개인 사례

건물을 파는 것은 매우 유익한 행위이다. 매매의 본질이 자신의 수익을 회수하면서, 타인의 수익을 시작시키는 것이기 때문이다.

우리가 아는 대표적인 투자에는 크게 두 가지가 있는데 바로 주식과 부동산이다. 이 둘은 여러 곳의 선택지 중에서 결정한 후 자본을 투입하면서 미래에 가치 상승을 기대하고 투자를 하게 되는데 보유하는 중에 얻는 수익이 있고 매각함으로써 얻게 되는 자본 차익이 있다. 주식의 경우 보유 중 수익은 배당이 있는 종목으로 한정되어 있고 부동산에서도 아파트 갭투자나 토지 투자처럼 임대수익이 없는 방식이 있다. 자금의 크기나 소유권 등의 방식에서 다른 점들도 있지만 수익에 대한 공통되는 원리를 비교한다는 관점에서 같이 이해하면 좋겠다.

주식은 소자본으로 투자가 가능하고 환금성이 매우 뛰어나다 보니 상승이 있을 때 차익 실현을 손쉽게 이룰 수 있는 장점이 있는 반면에 변동성이 큰 편이어서 '매도하기 전까지는 내 수익이라 단언할 수 없다'라는 중요한 지침도 있다. 목표수익을 미리 정하고 그 목표점에 도달했을 때 수익을 실현하는 실행력이 중요하다는 것을 강조하는 말이겠다.

부동산은 어떠할까? 대부분의 건물주는 임대하며 얻는 수익에 만족하고 주변 매매 사례로 알게 되는 부동산 가격 상승에 흡족해하면서 보유를 하고 있다. 이렇게 유지하는 것을 전통적인 방식이라 한다면 이와는 다르게 전문적인 프로 투자자는 흡족해하는 것에 그치지 않고 가치 상승분을 수익으로 실현하는 것이다.

여기서 말하는 프로 투자자는 '건물을 보유하면 누구나 얻게 되는 기간 차익을 실현하기 위해서 매각하는 것이 아니고, 신축 개발을 직접 한 투자자가 보유 기간 중 상승분에 신축으로 인한 개발 수익까지 더해서 회수하는 것'을 말한다. 그중에서도 세 번 이상이나 신축하고 매각하는 사례들이 있는데, 이들은 시공을 전문으로 하는 개발 회사가 아닌 일반 투자자이다.

이 신축 건물들을 실행한 프로 투자자들도 처음부터 여러 번 짓고 팔기로 계획했던 것은 아니었다. 기존 건물을 그대로 인수하는 매매보다 직접 개발하는 것이 수익적으로 낫겠다고 판단해서 신축을 하고 임대를 했는데, 받게 되는 임대수익에 비해서 매각했을 때 얻게 되는 자본 이득이 훨씬 더 크다는 것을 알게 되면서 시작하게 된 것이다.

물론, 큰 수익에는 큰 양도세가 지출되기는 하지만 그렇다 하더라도 보유 수익보다 더 큰 수익을 먼저 현금화하고, 2차 개발지로 재투자하는 것이 더 이로운 투자라고 결정한 것이다. 쉽지 않은 이 결정은 성공적인 실행이었기에 두 번째 신축 후에도 숫자로만 있는 머릿속 자본 가치에 만족

개인 투자자 K
신축 1, 신축 2, 신축 3

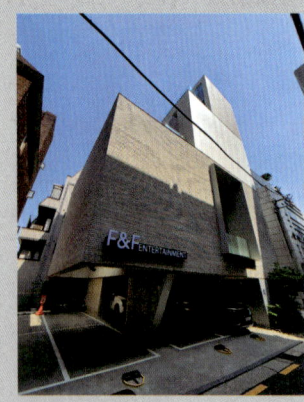

개인 투자자 Y
신축 1, 신축 2, 신축 3

하지 않고 3차 투자지로 넘어가게 된다.

수익을 실현하고 재투자하는 실행력이 중요한데 이 건물주들은 오피스 임대 수요에 대한 이해가 있고 다른 건물들보다 감각적이고 트렌디한 건물을 신축했다는 것에 더 주목해야 한다. 즉, 좋은 신축부지를 찾고 시장에서 좋아하는 건물을 신축할 수 있다면 임대수익과는 비교되지 않을 정도의 큰 수익이 신축과 매각을 통해서 반복 생성될 수 있다는 것이다.

건물 투자에서 보유 유지와 매각차익 실현 중에서 어느 하나가 더 낫다고 단정할 수는 없지만 분명한 사실은 평생 보유해야 하는 것으로 여기던 것에서 팔고 사고하는 것으로 변화하고 있으며 건물의 평균 보유 기간은 점차적으로 줄어들고 있는 추세이다. 그도 그럴 것은 부모님이 30~40년 보유하던 건물을 매각하거나 상속받게 되면 절실하게 실감하게 되는데, 오랜 기간 동안 아주 큰 가치 상승이 있었지만 그만큼 전체 가액에서 취득 가액의 비율은 낮아지게 되고 양도 차익의 비율이 높아지는 것이기 때문에, 너무 커진 양도 차익에서 양도세나 상속세를 내고 나면 거의 반쪽짜리 건물로 갈 수밖에 없는 것이 현실이다.

그렇다고, 단지 건물을 사고팔고만 해서 더 유리해지는 것은 아니고 내 건물을 다른 건물보다 더 가치있게 해서 추가 상승분이 나올 수 있게 한 다음 매각을 통해서 수익 실현하는 것이 중요한 포인트이다.

어떤 기업의 주식을 매수했다고 해서 투자자의 의지로 그 주식 가치를 올릴 수는 없지만, 건물 투자 경우에는 투자자의 고민과 노력에 따라서 부동산의 객관적 가치를 끌어올릴 수 있는 것이 주식과 건물 투자의 큰 차이점이고 그러한 것이 건물 투자의 큰 매력이라 할 수 있겠다.

보유할 기간에 신축을 해서 한번 더 이익 실현하는 투자의 프로_ 법인 사례

법인은 투자자이자 동시에 오피스 사용자로서, 유용한 공간에 대한 이해와 선호하는 외관을 판단하는 안목이 개인에 비해 높을 수 있는 장점을 가지고 있다.

건물 투자는 수익을 목적으로 하고, 가능하다면 더 많은 수익을 목표한다. 다른 투자자들의 목표를 넘어설 때 초과수익이라 하고, 많은 투자자가 초과수익을 희망한다. 건물 투자자가 이렇게 목표하고 성과의 결과를 기대하는 것들은 기업의 활동과도 닮아 있다. 기업도 이윤을 목적으로 하고 가능할수록 더 많은 이윤을 목표한다.

 기업들이 활용하는 비즈니스 모델을 보면 '인적 자원, 물적 자원, 지적 자산' 등의 핵심자원을 사용하고 생산, 유통, 서비스 제공을 통해서 수익을 일으키는데 더 나은 이윤을 달성하기 위해서 늘 노력하는 기업들이 단순 건물 투자를 넘어서서 중소형 빌딩 신축 개발에도 진입하고 있다.

 비즈니스 모델에 대입해 보면 건물을 핵심자원으로 사용하는 것은 동일한데 기존의 건물을 매입해서 임대하는 투자보다 신축이라는 직접 생산활동을 통해서 판매(매각) 하는 방식이 가장 많은 이윤을 남긴다는 것을 파악한 것이다. 특히, 초과이윤의 정점으로 가기 위해서는 건축사가 설계를 할 때 시장에 맞는 신축 기획과 임대 전략을 건물에 반영하는 것이 중요한데 이러한 활동에 익숙한 법인이 개인보다 유리하다고 할 수 있고, 오피스를 직접 사용하고 있기 때문에 사용자의 관점에서 유용하고 가치 있는 공간에 대한 이해와 선호하는 외관에 대한 안목이 높을 수 있다는 장점도 가지고 있다.

이러한 좋은 재능을 가진 법인들이, 보유하면서 얻는 임대수익에 안주하지 않고 능동적으로 직접 신축해서 매각까지 함으로써 법인에 큰 이윤을 발생시키는 사례들을 소개하겠다. 참고로, 법인의 메인 비즈니스와는 별개로 투자하는 사업이기에 사실상 덤으로 얻게 되는 수익으로 볼 수 있고, 매각을 통해 실현된 차익은 개인처럼 양도소득세율을 적용하지 않고 법인세에 해당하기 때문에 세후에도 상당한 금액이 법인의 이윤으로 남게 된다.

사례 1

신축 후 사옥으로 사용 중에 125억 원 매각한 M 화장품 회사
1종일반/대지 147평/건물 415평

강남구청역 남서쪽 8m와 4m 두 이면 도로를 접한 대지 147평의 오래된 단독주택 건물에 오피스와 세탁소 등이 임차하고 있던 곳을 화장품 회사

가 신축부지 용도로 매입 계약을 체결하였고 기존 임차인의 퇴실은 잔금일 전까지 매도인이 명도해주었다.

신축 후 직접 건물에 입주해서 사용할 예정이었고, 사용하고 있던 건물에서 만기 퇴실하는 날짜에 맞춰 나오기 위해서 매매 잔금을 지급하기 전에 설계를 마치고 소유권 취득한 후 기존 건물을 철거하면서 바로 착공에 들어갔다.

홈쇼핑 화장품 분야에서 큰 매출을 올리고 있었던 S 대표는 좋은 감각과 과감한 결정력을 가지고 있었다. 건축사와 설계 회의를 할 때 건물 전면부에 다른 건물과는 차별화되는 상징적인 공간을 주문하였고 여러 빌딩에 임차하면서 오피스 사용자로서 얻었던 경험들이 건물 곳곳에 반영되도록 하였다.

S 대표는 이 건물을 회사 사옥으로 사용하던 중에 125억 원에 매각하면서 상당한 개발 수익을 실현하였고, 매각 후에는 임차로 전환해서 사용하다가 엔터테인먼트 회사를 후속 임차인으로 유치하면서 완전하게 엑시트하였다.

①	②
③	④

❶ 매입 시_남쪽 도로 건물 면 ❷ 매입 시_서쪽 도로 출입 면 ⓒ 네이버지도
❸ 신축 후_남쪽 도로 전면 외관 전경 ❹ 신축 후_서쪽 도로 출입구 외관 전경 ⓒ 인퍼티

Ⅳ. 더 남은 수익 실현

사례 2

신축 후 전체 사옥 사용 법인에 149억 원 매각한 C 광고 회사

2종일반/대지 119평/건물 302평

　신사역 남동쪽 언덕 위 6m 이면 도로에 접한 119평의 대지에 35년이 넘은 단독주택이 주거로 사용하고 있던 곳을 크리에이티브 넘치는 C 광고 회사에 제안을 하고 매입하게 했다. 주택으로 보유하는 것이 목적이 아니라 차후에 중소형 빌딩을 신축하는 것까지 계획을 했으며 건축할 시드머니를 확보하기 위해서 매입 후 몇 년간은 단독주택 근생으로 필라테스 아카데미에 전체 통임대를 하였다.

　몇 년 후, 광고 회사의 A 대표는 신축을 계획하면서 크리에이티브 회사답게 독창적이면서 심플한 외관 디자인을 젊은 건축사에게 주문하였고 그 결과는 성공적이었다.

　건물을 완공한 후 넷플릭스에서 히트작을 만든 기획사가 본 건물의 모던한 매력에 반해 사옥으로 직접 사용할 목적으로 149억 원에 매입을 하면서 C 광고 회사는 짧은 기간에 아주 큰 개발 차익을 실현하였다.

①	②
③	④

❶ 매입 시_ 35년 넘은 단독주택
❷ 매입 후_ 필라테스 아카데미 통임대 ⓒ 네이버지도
❸ 신축 기획 조감도
❹ 신축 후 외관 전경 ⓒ 인퍼티

Ⅳ. 더 남은 수익 실현

사례 3

신축 후 전체 임대 중에 159.6억 원 매각한 S 의류회사

2종일반/대지 91평/건물 279평

　서초동에서 오랫동안 의류회사를 운영해오고 있던 S사는 법인 유보금으로 부동산 투자를 계획하였다. 투자의 목적도 있었지만 향후 사옥으로 사용할 필요성을 가지고 여러 지역의 매물을 꼼꼼하게 보면서 논현동 조용한 주택가 6×4m 코너에 위치한 오래된 단독주택을 매입하였다. 매입 후에 바로 신축하지 않고 건물 전체를 광고 회사에 통 임대하면서 상당 부분의 건축비를 준비하였고, 신축할 때는 고급 의류를 전문으로 하는 회사답게 건물의 디자인 퀄리티에 많은 공을 들였다. 이 회사의 공동대표들은 성공적인 레퍼런스 중소형 빌딩 여러 곳을 답사하면서 참고하였고, 외장재 벽돌의 질감과 컬러 확인을 위해서 경기도에 있는 벽돌 회사까지 직접 방문하는 등 노력을 아끼지 않았다.

　이 건물은 유명 연예인 가족 법인이 159억 6천만 원에 매입하게 되었고 매매 내용은 신문기사로도 나와 있다. 여러 건물 중에서 본 건물로 매입 결정하게 된 주요 요인은 고급스러운 빌딩의 내외부 디자인과 우량한 글로벌 회사가 건물 전체를 장기 계약해서 입주해 있다는 것이었는데 사실 이 두 가지 요건은 서로 연결되어 있다. 건물의 디자인 완성도가 높았던 만큼 임차 의향을 보였던 여러 곳 중에서 우량한 회사를 선별해서 유치할 수 있었던 것이다.

　이렇게 신축으로 큰 수익을 실현한 법인들도 개인 편에서 설명했던 것과

①	②
③	④

❶ 매입 시_ 33년 넘은 단독주택
❷ 매입 후_ M 광고회사 사옥 통임대 ⓒ 네이버지도
❸ 신축 기획 조감도
❹ 신축 후 외관 전경 ⓒ 인퍼티

Ⅳ. 더 남은 수익 실현

동일하게 건설을 하거나 개발을 하는 것과는 전혀 관련이 없는 업종의 회사였고, 세 곳의 회사 대표 모두가 건물을 건축하는 것이 처음이었다는 것을 강조하고 싶다.

가보지 않은 길이지만 용기 내어 건축주가 되는 것에 도전했고 그 결과, 보유 기간 상승분에 개발 차익까지 더해지면서 실현되는 수익이 훨씬 더 많아졌는데, 그 용기의 값은 생각보다 훨씬 컸다.

10장

대표사례_ 수익 디자인의 최대 효율 NH2203

빌딩 투자는 큰 수익을 목적으로 하고, 세상 모든 큰 수익에는 이유가 있다

출처 | 조성욱건축사사무소 **사진** | 박영채

NH2203_서울시 강남구 논현동 220-3

부지선정

토지면적	80평 (264.7㎡)	용도지역	2종 일반주거지역
지역분석	오랫동안 다가구 주택가로 유지해 오던 곳, 변화가 진행된 지역 대비 저평가, 향후 상승 여력이 풍부한 곳으로 분석함	입지분석	3면 도로를 접함, 북동향 코너로 일조권 제한 거의 없음, 높은 지대에 훌륭한 조망, 설계 시 다양한 레이아웃 선택 가능한 최고의 입지임

건축개요

건물규모	지하 1층~지상 5층+6층 루프탑	연면적	216평 (714.61㎡)
건폐율	59%	용적률	199%
발코니	27.7평	루프탑	30평
설계	조성욱건축사사무소	시공	예지인 종합건설

발코니 : 지하 선큰, 1층 테라스, 3~5층 발코니 면적 합계
루프탑 : 계단, 옥탑 공간 제외한 실사용 바닥 면적

투자내역

부지매입	43억 2천만 원	취득경비	3억 8천만 원
설계감리	1억 4천만 원	신축공사	23억 8천만 원
대출비율	70%	대출금액	50억 원
총투자금	72억 2천만 원	실투자금	22억 2천만 원

부지매입 : 2021년 5월 20일 매입
취득경비 : 토지 및 신축건물 각각 취등록세, 기존 다가구주택 명도비용 및 철거비용
신축공사 : 건축비용 및 측량, 소방통신감리, 각종 부대비용 포함

투자수익

임대방식	IT회사 사옥 통임대 중 (자체관리)	임대금액	보증금 4억 원/임대료 3천6백만 원
임대평가	평당 임대료 165,000원 실현	중개법인	사무실풍경, 빌딩마스터
자산가치	135억 원	자산증가	62억 8천만 원

자산가치 : 자본환원율 3.3% (강남구 기대수익률 3.1~3.2%로 형성, 3.3%는 매각 가능한 환원율임)
임대평가 : 인접한 신축 건물 평당 임대료 127,000원보다 30% 이상 높은 임대가 실현

❶ 효과적인 분절감, 다채로운 발코니 조성으로 사용 면적 늘리고 건물 볼륨감 키움_ **물리적, 시각적 가치 모두를 높임**

❷ 일조권 제한 없이 올라간 넓은 루프탑에서 북한산까지 보이는 영구 조망_ **입지분석의 효과는 건물 수익 결정에 반영됨**

출처 | 조성욱건축사사무소
사진 | 박영채

❸ 롱브릭 벽돌과 노출 콘크리트 조화의 심미적으로 우수한 외관_ **건물을 사용하는 회사의 이미지 가치를 올림**

❹ 건물에서 선호도가 가장 높은 탑층 층고 4.5m_ **사용자의 공간 활용가치를 높임**

❺ 모던한 내부 마감, 유니크한 창호 디자인, 밖으로 옆으로 넓어지는 발코니의 확장성_**평당 임대 가치를 증가시키는 각각의 요소임**

❻ 건물에서 가장 넓고 높은 공간 지하 층고 5m, 기둥 없는 바닥 면적, 선큰으로 받는 자연채광_**바닥 넓이와 공간 부피를 최대치로 만듦으로써 지하층 수익을 높임**

출처 | 조성욱건축사사무소   **사진 |** 박영채

에필로그

나는 중소형 빌딩 매입, 매각 중개와 건물 투자 컨설팅의 실무 현장에서 오랜 기간 일을 해왔다. 누구보다도 건물 투자에 대해 오래 고민하고 많은 분석을 했으며, 수많은 실무에서 얻은 다양한 경험을 자신한다.

지금은 다양한 매체와 경로를 통해서 접할 수 있는 부동산 투자 정보가 넘쳐난다. 정보가 적던 때에 비하면 분명히 좋아진 것은 맞지만, 얻을 수 있는 정보의 양과 얻을 수 있는 수익 크기는 비례하지 않는다. 지금 건물 투자자나 소유자에게 필요한 것은 공개되어 있는 방대한 정보의 양에 얽매이기보다 변화하는 건물 투자 트렌드를 인지하고 분별할 수 있는 감각적 판단력이다.

늘어난 부동산 정보 중에서 대표적인 것이 실거래가 조회 서비스이다. 부동산 정보 공개 사이트에서 건물이 실제로 매매된 가격과 거래 정보를 확인할 수가 있는데 실제 체결된 결과이다 보니 건물을 매입하려는 사람들이 많은 관심을 가지고 이용하게 된다. 물론 필요한 정보이기도 하지만 이미 거래가 된 결과를 오래 보다 보면 저렴한 금액으로 팔린 물건에 눈이 더 가게 되고, 그러다 보면 부동산은 무조건 싸게 사야 한다는 논리에 매몰되기 십상이다.

큰 비용이 들어가는 건물이라는 투자재를 비싸게 사면 안 되겠지만 싸게 사는 것이 반드시 잘 사는 것은 아니다. 다른 건물보다 저렴한 것에만 집중하기보다 부동산이 가지고 있는 가치에 비해서 얼마나 저렴한 것인지, 매입가 대비해서 향후 얼마나 밸류 업이 가능할까를 판단하는 것이 훨씬 더 중요하다.

가치에 대한 분석과 판단이 막연하게 느껴질 수도 있겠지만 이 책에서 말하는 내용을 참고할 수 있다면 그리 어려운 일은 아닐 것이다. 내가 건물에 임차할 사람들의 입장이 되어서 선호하는 환경을 가진 지역을 고르고 내가 머무르고 싶은 건물을 선택하는, 관점의 변화를 가지면 된다.

> 정보가 부족할 때는 정보가 수익이 될 수도 있었지만
> 지금 중요한 것은 정보의 넓이가 아니라 판단의 깊이다.

꽃을 넣는 화병과 임대하는 건물의 본질은 같다. 화병을 살 때 앞으로 교체될 다양한 꽃들이 최대한 아름다워 보일 수 있도록 고민하며 고르듯이, 건물을 사거나 지을 때 앞으로 입주할 다양한 임차사의 사업이 최대한 잘될 수 있도록 고민하는 기획과 전략은 같은 맥락이고 그 기능의 정의는 명확하다.

> 화병은 꽃이 더 아름답도록 하는 기능을 해야 하고
> 건물은 사업이 더 잘되도록 하는 기능을 해야 한다.

이렇게 명확하게 본질에 충실한 기준을 정해서 투자를 판단하고 실행한다면 수익은 증가할 수밖에 없다.

나는 이 책을 통해서 건물 투자를 한다는 것이 멋진 비즈니스가 될 수 있도록 해주고 싶다. 단순하게 면적과 층수만 제공해 주면 되는 것으로 인식해 온 임대업에서 전략과 기획 반영을 통해 최적의 비즈니스 공간을 조성해 줌으로써, 건물을 소유한 사람과 건물에 임차한 회사가 함께 밸류 업 되면서 건물 투자라는 분야가 도시와 경제를 성장시키는 데 기여하는 자본 사업이 되도록 만들어 가겠다.

빌딩투자, 수익을 디자인하다

1판 1쇄 발행　2025년 3월 7일
1판 2쇄 발행　2025년 4월 7일

지 은 이 ｜ 하재구
펴 낸 이 ｜ 김진수
펴 낸 곳 ｜ 한국문화사
등　　록 ｜ 제1994-9호
주　　소 ｜ 서울시 성동구 아차산로49, 404호(성수동1가, 서울숲코오롱디지털타워3차)
전　　화 ｜ 02-464-7708
팩　　스 ｜ 02-499-0846
이 메 일 ｜ hkm7708@daum.net
홈페이지 ｜ http://hph.co.kr

ISBN　979-11-6919-285-9　03320

· 이 책의 내용은 저작권법에 따라 보호받고 있습니다.
· 잘못된 책은 구매처에서 바꾸어 드립니다.
· 책값은 뒤표지에 있습니다.

오류를 발견하셨다면 이메일이나 홈페이지를 통해 제보해주세요.
소중한 의견을 모아 더 좋은 책을 만들겠습니다.